Robert Malte Ruhland

Arbeitnehmerdatenschutz für Betriebsräte

10 Praxisbeispiele

Für meinen Vater

Robert Malte Ruhland

Arbeitnehmerdatenschutz für Betriebsräte

10 Praxisbeispiele

4. Auflage 2018

rieder

© 2018* Rieder GmbH & Co.
Verlag für Recht und Kommunikation KG
Erphostr. 40, 48145 Münster
Tel.: 0251/30133 • Fax 0251/30135 • Mail: info@riederverlag.de
Geschäftsführer:
Dipl. Psych. Hans Dieter Rieder
Dipl. Psych. Heidrun Rieder

Druck: Books on Demand
Umschlag: kommpliment Münster
Satz / Layout: Ingegerd Giese

ISBN 978-3-945260-40-1

Vorwort zur ersten Auflage

Als Berater und Trainer für Betriebsräte habe ich im Rahmen meiner nunmehr zehnjährigen Tätigkeit festgestellt, dass es für Betriebsräte immer schwieriger wird, in dem komplizierten und kaum überschaubaren Bereich des Beschäftigtendatenschutzes kundigen Rat von Sachverständigen und Rechtsvertretern einzuholen. In wirtschaftlich schwierigen Lagen haben Arbeitgeber mehr und mehr ein Interesse daran, Kosten auch dieser externen Berater so gering wie möglich zu halten. Die Konsequenz dieser „Unternehmensphilosophie des Sparens“ ist es dann häufig, dass Betriebsräte oft auf die ihnen an und für sich zustehenden externen Ratschläge verzichten und das Thema Datenschutz selbst in die Hand nehmen müssen.

Da viele dieser Handlungssituationen meist ein identisches Konfliktmuster aufweisen, kam mir Ende 2009 der Gedanke, mein diesbezügliches Wissen in einem Buch zur Verfügung zu stellen. Dabei war mir sehr daran gelegen, nicht ein Fachbuch für Juristen zu schreiben. Viele Betriebsräte sind keine Juristen. Auch der „erhobene Zeigefinger“ sollte in der Tasche bleiben.

Vielmehr sollten anhand von konkret dargestellten Handlungssituationen gangbare und zufriedenstellende Lösungswege entwickelt werden.

Aus dieser Idee ist das folgende Buch entstanden. Dabei sei der Hinweis erlaubt, dass ausnahmslos alle dargestellten Konfliktsituationen mir so oder zumindest so ähnlich im Rahmen meiner Tätigkeit schon einmal untergekommen sind.

Dieses Buch berücksichtigt die Gesetzgebung und veröffentlichte Rechtsprechung bis einschließlich September 2010. Die Reformen des BDSG vom 1.9.2009, 1.4.2010 und 11.6.2010 wurden soweit sie für den Beschäftigtendatenschutz relevant sind, berücksichtigt.

Ein besonderer Dank gilt meinen Mandanten und Seminarteilnehmern, die mir mit ihren konkreten Fällen erst den Stoff für ein solches Buch geliefert haben und mir immer wieder die Gelegenheit geben, mich neuen thematischen Anforderungen zu widmen.

Dortmund im Oktober 2010 *Robert Malte Ruhland*

Vorwort zur dritten, umfangreich überarbeiteten Auflage

Auf Grund der seit der ersten Auflage im Jahre 2011 fortgeschrittenen Zeit und zahlreicher Anregungen aus dem Leserkreis wurden die Ausführungen des vorliegenden Standardwerkes überarbeitet.

Dabei wurden insbesondere die in der Zwischenzeit gewonnenen Erkenntnisse zum Umgang mit dem im Jahre 2009 ins Leben gerufenen § 32 BDSG eingearbeitet. Aber auch die neueren Entscheidungen zur Frage der Anwendbarkeit des § 88 TKG im Arbeitsrecht und die Entscheidung des BGH zur Verantwortlichkeit des Anschlussinhabers eines Internetanschlusses für Taten dritter Personen, wurden in der vorliegenden Ausgabe berücksichtigt.

Nach langen Überlegung und intensiven Diskussionen habe ich mich dazu entschlossen, in diesem Werk keine Ausführungen zu der seit langem geplanten Reform des Beschäftigtendatenschutzes zu machen. Zum einen steht immer noch nicht fest, wann und in welcher Form es Änderungen geben wird. Zum anderen kann ein heute veröffentlichter Entwurf morgen schon wieder überholt sein.

Im Übrigen bin ich davon überzeugt, dass sich durch eine Neuregelung einige Probleme zwar verschieben werden, die Zahl der zu klärenden Rechtsfragen wird durch neue Vorschriften aber eher zu- als abnehmen.

Insofern halte ich es auch für übertrieben optimistisch, in einer Reform des Beschäftigtendatenschutzes eine Lösung für die Vielzahl der rechtlichen Problemstellungen zu sehen. Ich bin vielmehr der Ansicht, dass die gesetzlichen Vorschriften in ihrer bisherigen Fassung und die dazu ergangene juristische Kasuistik hervorragend dazu geeignet sind, auch schon jetzt die meisten Sachverhalte befriedigend zu lösen.

Dortmund im Mai 2013 — Robert Malte Ruhland

Vorwort zur vierten Auflage

Diese Auflage berücksichtigt die DSGVO in der Fassung vom 27.04.2016[1] und das BDSG-Neu in der Fassung vom 25.05.2018.

Dortmund im März 2018 Robert Malte Ruhland

1 Die DSGVO ist seit dem 27.04.2016 in Kraft. Sie wird aber erst nach einer mehr als zweijährigen Übergangsfrist am 25.05.2018 verbindlich.

Gegenüberstellung der Rechtsbegriffe

BDSG bis zum 24.05.2018	**DSGVO**
Auftraggeber einer Auftragsdatenverarbeitung	Verantwortlicher einer Auftragsverarbeitung
Auftragnehmer einer Auftragsdatenverarbeitung	Verarbeiter einer Auftragsverarbeitung
Auftragsdatenverarbeitung (ADV)	Auftragsverarbeitung (AV)
Bestellung des Datenschutzbeauftragten	Benennung des Datenschutzbeauftragten
Sperrung von Daten	Einschränkung der Verarbeitung
Verantwortliche Stelle	Verantwortlicher
Verfahrensverzeichnis	Verzeichnis von Verarbeitungstätigkeiten

Inhaltsverzeichnis

Abkürzungsverzeichnis

a. a. O	am angegebenen Ort
a. E.	am Ende
AO	Abgabeordnung
Art.	Artikel des DSGVO
BAG	Bundesarbeitsgericht
bDSB	betrieblicher Datenschutzbeauftragter
BDSG-Neu	Bundesdatenschutzgesetz in der Fassung vom 25.05.2018
BEM	Betriebliches Eingliederungsmanagement
BetrVG	Betriebsverfassungsgesetz
BVerfG	Bundesverfassungsgericht
BGB	Bürgerliches Gesetzbuch
BR	Betriebsrat
DSGVO	Datenschutz-Grundverordnung
GF	Geschäftsführer / Geschäftsführung
ggf.	gegebenenfalls
HGB	Handelsgesetzbuch
i. S.	im Sinne
OS	operatory system
PCI	peripheral component interconnect
Rn.:	Randnummer
Sog.	Sogenannt
VM	virtuelle Maschine

Lesehinweis

Bitte beachten Sie, dass die nachfolgenden Ausführungen einzelfallbezogen dargestellt sind. Da jeder Fall jedoch einzeln rechtlich zu würdigen ist und sich auch Normen und Rechtsprechung regelmäßig ändern, ersetzen die nachfolgenden Ausführungen natürlich keine konkrete Rechtsberatung.

1. Mein oder Dein – wem gehören die Beschäftigtendaten?

Einleitung:

Konflikte bei Verhandlungen zwischen dem Betriebsrat und dem Arbeitgeber im Bereich des Beschäftigtendatenschutzes beginnen häufig bereits mit dem Problem, dass der Arbeitgeber der Ansicht ist, dass die Daten der Beschäftigten, die während der Erfüllung der Arbeitsleistung anfallen, zum „Betriebseigentum“ gehören, und der Arbeitgeber daher frei darüber verfügen könnte. Dabei wird hinsichtlich der verarbeiteten Daten oftmals ein sachenrechtlicher Eigentumsbegriff zu Grunde gelegt, den das Datenschutzrecht so gar nicht kennt.

Sachverhalt:

Die B-GmbH hat sich dazu entschieden, wesentliche geschäftliche Korrespondenz per E-Mail zu versenden und zu empfangen. Neben dem Bereich der Datensicherung soll nun zum Zwecke der Einhaltung gesetzlicher Vorschriften sämtlicher ein- und ausgehender E-Mailverkehr mindestens 10 Jahre lang archiviert werden. Im Unternehmen werden dabei ausschließlich E-Mailadressen verwendet, die den Vor- und Zunamen des jeweiligen Mitarbeiters beinhalten. Technisch ist sichergestellt, dass grundsätzlich nur der jeweilige Mitarbeiter unter dieser E-Mailadresse Mails versenden und empfangen kann.

Auf Nachfrage des zuständigen Gesamtbetriebsrates gibt der Arbeitgeber an, dass eine solche Archivierung nach handels- und steuerrechtlichen Vorschriften vorgeschrieben sei. Der Arbeitgeber führt darüber hinaus aus, dass im Rahmen der Archivierung sämtliche E-Mails nebst den damit verbundenen Anhängen gespeichert werden. Dabei werden die Mails nach ihrem Eingangszeitpunkt geordnet. Die Menge der archivierten Mails kann dann vor allem nach dem Datum des Empfangs bzw. des Versands gefiltert werden.

Die Möglichkeit einer privaten Nutzung von E-Mailsystemen durch die Mitarbeiter, auch während der Arbeitszeit, soll im Rahmen einer dazu bereits geschlossenen Betriebsvereinbarung weiterhin bestehen. Allerdings möchte der Arbeitgeber nunmehr verbieten, dass hierfür der geschäftliche E-Maildienst benutzt wird.

Zukünftig sollen daher für die Behandlung privater E-Mails allein Freemailer genutzt werden.

Daraufhin teilt der Gesamtbetriebsrat dem Arbeitgeber mit, dass er die Einführung und den Betrieb des Archivierungssystems für mitbestimmungspflichtig hält. Der Arbeitgeber lehnt eine Mitbestimmungspflicht ab, da er der Ansicht ist, dass mit dem Verbot der privaten Nutzung der beruflichen E-Mailadresse ausgeschlossen sei, dass mit dem E-Mail-Archivierungssystem private Daten der Mitarbeiter archiviert würden, so dass es an einem Mitbestimmungsrecht des Betriebsrates fehle.

Konflikt:

Betriebsrat:	**Arbeitgeber:**
„Wir verwenden in unserem Unternehmen namensbezogene E-Mailadressen. Somit sind alle Inhalte, die unter der entsprechenden Adresse das Haus verlassen bzw. an eine solche gesendet werden, einem bestimmten Mitarbeiter zuordenbar."	*„Unsere Beschäftigten können sich nur auf den Datenschutz berufen, sofern auch private Daten der Beschäftigten verarbeitet werden. Bei Daten mit einem geschäftlichen Bezug handelt es sich aber nicht mehr um private Daten sondern um Daten des Unternehmens. Bei Daten des Unternehmens besteht jedoch kein Mitbestimmungsrecht."*

Konfliktlösung:

Zunächst sind im Rahmen der Lösung dieses Konfliktes die Mitbestimmungsrechte des Betriebsrates zu klären. Hier kommt insbesondere ein erzwingbares Mitbestimmungsrecht im Sinne des § 87 I Nr. 6 BetrVG (Verhaltens- und Leistungskontrollen) in Betracht.

A) Mitbestimmung gemäß § 87 I Nr. 6

Danach hat der Betriebsrat, soweit eine gesetzliche oder tarifliche Regelung nicht besteht, bei der Einführung und Anwendung von technischen Einrichtungen, die dazu „bestimmt" sind, das Verhalten oder die Leistungen der Arbeitnehmer zu überwachen, mitzubestimmen. Es sind keine speziellen tarifvertraglichen Regelungen bekannt.

I.) Technische Einrichtung i. S. d. § 87 I Nr. 6 BetrVG

Nach herrschender Meinung definiert sich der Begriff der „technischen Einrichtung“ im Sinne des § 87 I Nr. 6 BetrVG als die „Einheit von Rechner und Programm“.[1] Im vorliegenden Fall soll eine Archivierungssoftware auf den dafür vorgesehenen Firmenservern zum Einsatz kommen. Mithin ist vorliegend eine „technische Einrichtung“ im Sinne des § 87 I Nr. 6 BetrVG als gegeben anzusehen.

II.) Überwachung von Verhalten oder Leistung

Es ist als Nächstes die Frage zu beantworten, ob mit Hilfe der hier in Rede stehenden Archivierungssoftware eine Überwachung von „Verhalten oder Leistung“ im Sinne des § 87 I Nr. 6 BetrVG erfolgen kann.

Eine Mitbestimmungspflicht nach dieser Vorschrift ist bei der „Einführung“ und „Anwendung“ „technische Einrichtungen“ gegeben, wenn diese dazu „bestimmt“ sind, das Verhalten und/oder die Leistungen der Arbeitnehmer zu überwachen.

Der Gesetzeswortlaut des § 87 I Nr. 6 BetrVG spricht dabei noch von einer „Bestimmtheit“ der Systeme zur Überwachung und Kontrolle der Leistung der Arbeitnehmer.

Nach nunmehr ständiger Rechtsprechung des BAG reicht es jedoch für die Anwendbarkeit des § 87 I Nr. 6 BetrVG aus, wenn die entsprechende technische Einrichtung „objektiv geeignet“ ist, das Verhalten oder die Leistungen der Arbeitnehmer zu überwachen.

Dabei wird die objektive Eignung zur Überwachung der Arbeitnehmer dann bejaht, wenn auf Grund des verwendeten Programms Verhaltens- und Leistungsdaten erfasst und aufgezeichnet werden.[2]

Dasselbe gilt, wenn auf Grund des verwendeten Programms Verhaltens- und Leistungsdaten ausgewertet werden.[3]

---

1 Däubler/Kittner/Klebe, Betriebsverfassungsgesetz, 12. Aufl., Frankfurt 2010 § 87, Rn.: 137

2 BAG 06.12.83, AP Nr.: 7 zu 87 BetrVG 1972

3 14.09.84, AP Nr.: 9 zu § 87 BetrVG 1972; 15.12.92, CR 94,111; 26.07.94, NZA 95, 185, 186

1. Leistungskontrolle

Dabei ist der Begriff der „Leistung“ des Arbeitnehmers als solche Handlung zu verstehen, die vom Arbeitnehmer in Erfüllung seiner vertraglichen Pflichten vorgenommen wird.
Danach wären z. B. Angaben über die durch einen Arbeitnehmer erbrachte Arbeitsleistung Leistungsdaten im Sinne des § 87 I Nr. 6 BetrVG.[4]

2. Verhaltenskontrolle

Bei dem „Verhalten“ im Sinne dieser Vorschrift handelt es sich dagegen um jedes individuell steuerbare Tun des Arbeitnehmers.

In diesem Fall sind sich die Parteien darüber einig, dass im Wesentlichen der betriebliche E-Mailverkehr über personenbezogene E-Mailadressen abgewickelt wird. Die dabei verwendeten E-Mailadressen der Mitarbeiter sind dabei immer nach demselben Muster (*Vorname.Nachname@Firma.de*) aufgebaut.

Da ein enges Rollen- und Rechtekonzept für E-Mail-Funktionalitäten besteht, ist im Betrieb auch sichergestellt, dass grundsätzlich nur der entsprechende Namensinhaber Mails unter der entsprechenden Adresse versenden und empfangen kann. Mithin sind die über eine solche namensbezogene Adresse versandten und auch empfangenen Mails regelmäßig schon über die aussagekräftige Adresse einem einzelnen Mitarbeiter zuordenbar.

Über die Filterfunktion des Archivierungssystems ist es unter diesen Voraussetzungen dann auch möglich, sich den E-Mailverkehr zu bestimmten Personen in einem bestimmten Zeitraum anzeigen zu lassen.

Durch diese Funktion kann der Arbeitgeber z. B. herausfinden, welche Korrespondenz zu welchem Betreff ein bestimmter Mitarbeiter an einem bestimmten Tag zu einer bestimmten Uhrzeit an einen bestimmten Empfänger versandt hat.

Ferner könnte sich der Arbeitgeber mit Hilfe der entsprechenden Archivierungssoftware auch den Titel, das Dateiformat, die Dateigröße und den Dateiinhalt eines entsprechenden mit der Mail versandten Mailanhangs zeigen lassen.

Gleiches gilt für empfangene E-Mailkorrespondenz.

---

4 Däubler / Kittner / Klebe a.a.O., § 87, Rn.: 148

Der Arbeitgeber könnte somit mit der einzusetzenden Archivierungssoftware das Verhalten des Mitarbeiters beim Versand und Empfang geschäftlicher E-Mails kontrollieren. Er könnte z. B. den Inhalt entsprechender Mails oder Anhänge auf die inhaltliche und orthografische Richtigkeit überprüfen, die Einhaltung von Corporate Identity-Regeln überwachen und die Befolgung von Geheimhaltungspflichten überprüfen.

Die einzusetzende Archivierungssoftware ist mithin objektiv geeignet, das Verhalten der Mitarbeiter zu kontrollieren. Für die Mitbestimmungspflichtigkeit im Sinne des § 87 I Nr. 6 kommt es dabei nicht, wie bereits angeführt, darauf an, ob die entsprechende technische Einrichtung auch tatsächlich zu diesem Zweck eingesetzt werden soll. Es reicht vielmehr die objektive Möglichkeit der Verhaltenskontrolle.

Dem Arbeitgeber wäre daher nunmehr zu raten, mit seinem Betriebsrat die Verhandlungen über den Abschluss einer entsprechenden Betriebsvereinbarung aufzunehmen.

Im Rahmen dieser Verhandlungen hat der Betriebsrat gem. § 80 I Nr. 1 BetrVG darauf zu achten, dass sich die dabei vereinbarten Regelungen im Rahmen der rechtlichen Bestimmungen zum Datenschutz der Beschäftigten bewegen. Hier sind insbesondere die Regelungen der DSGVO zu beachten.

B) Grundsätze der DSGVO

I.) Grundsatz der Rechtmäßigkeit der Verarbeitung

Aus Art. 6 I DSGVO ergibt sich der Grundsatz, dass die Verarbeitung personenbezogener Daten nur zulässig ist, soweit die DSGVO oder eine andere Rechtsvorschrift dies erlaubt oder der Betroffene eingewilligt hat. Dieser Grundsatz wird regelmäßig als „Verbot mit Erlaubnisvorbehalt“ bezeichnet.

Das bedeutet, dass die Verarbeitung personenbezogener Daten ohne eine entsprechende Erlaubnisnorm bzw. ohne die persönliche, freiwillige Einwilligung des Betroffenen nicht zulässig ist. Nach den Angaben des Arbeitgebers stützt sich das geplante Vorhaben einer E-Mail- und File-Archivierung auf handels- und abgabenrechtliche

Vorschriften. Da diese Vorschriften tatsächlich eine Aufbewahrung von Geschäftsunterlagen enthalten, können diese Vorschriften als Rechtsgrundlage für eine entsprechende Datenverarbeitung herangezogen werden.

II.) Grundsatz der Zweckbindung:

Die DSGVO stützt sich mit Art. 5 I b) stützt sich auf die Prämisse, dass eine Verarbeitung personenbezogener Daten nur dann und nur so lange zulässig ist, wie für die Verarbeitung der einzelnen personenbezogenen Daten zuvor ein konkreter Verarbeitungszweck festgelegt wurde.

Die Verpflichtung der Daten verarbeitenden Stelle, vor der Verarbeitung personenbezogener Daten für jeden einzelnen Datensatz einen entsprechenden Verarbeitungszweck zu definieren, hat den Sinn, Datenverarbeitung dem räumlichen und zeitlichen Umfang nach zu begrenzen. Die Nennung eines konkreten, verständlichen und vom Betroffenen sofort nachvollziehbaren Verarbeitungszwecks dient des Weiteren dem Ziel, zweckungebundene Datenverarbeitung sowie eine Datenvorratsspeicherung zu verhindern.

Datensammlungen nach dem Motto *„Wir sammeln alles, weil man ja nie weiß, wofür man es später noch gebrauchen kann,“* sind demnach unzulässig.

Auch für die Wahrnehmung des sich für den Betriebsrat aus § 80 I Nr. 1 BetrVG ergebenden Überwachungsrechtes ist eine konkrete und floskelfreie Definition des jeweiligen Verarbeitungszweckes schon deshalb unabdingbar, da nur bei Kenntnis eines solchen Verarbeitungszweckes überprüft werden kann, ob sich die einzelnen Schritte der Datenverarbeitung eng am Zweck orientieren.

Eine konkrete Zweckbindung ist darüber hinaus schon deshalb erforderlich, da der Betriebsrat auf Grund des Fehlens gesetzlicher Löschungsfristen der Betriebsrat die Angemessenheit der vom Arbeitgeber frei definierten Löschungsfristen zu überprüfen hat.

Die vom Arbeitgeber hier angesprochenen Vorschriften des HGB und der AO, die eine Aufbewahrung von Geschäftsunterlagen regeln, dienen nach dem Willen des Gesetzgebers dem Zweck einer ordnungsgemäßen und nachvollziehbaren Buchführung des Unternehmers.

Dieser Zweck ist der Maßstab für die weitere datenschutzrechtliche Prüfung.

III.) Grundsatz der Datenminimierung:

Aus Art. 5 I c) DSGVO ergibt sich für die die Daten verarbeitende Stelle der Grundsatz, nur so wenig personenbezogene Daten der Betroffenen wie möglich zu verarbeiten. Der in dieser Regelung verankerte Grundsatz der Datensparsamkeit entfaltet seine volle Bedeutung erst in der Gesamtbetrachtung mit dem bereits dargestellten Grundsatz der Zweckbindung.

Aus Art. 5 I c) DSGVO folgt demnach, dass nur die Daten, die zur Zweckerfüllung zwingend erforderlich sind, auch verarbeitet werden dürfen.

Auch diese Vorschrift ist dem Umstand geschuldet, dass jede unnötige – sprich zweckungebundene Datenverarbeitung – von personenbezogenen Daten für den betroffenen Menschen eine unnötige Belastung seines Persönlichkeitsrechtes und seines Rechtes auf informationelle Selbstbestimmung darstellt, die es zu verhindern gilt.

Die DSGVO ordnet die Beachtung dieses Grundsatzes der Datenminimierung im Sinne des Art 5 I c) DSGVO für die Daten verarbeitende Stelle auf zwei zeitlich unterschiedlichen Ebenen an. So ist zum einen im Rahmen der laufenden Datenverarbeitung der Grundsatz der Datensparsamkeit ständig zu beachten. Art. 25 I DSGVO normiert für die datenverarbeitende Stelle zum anderen aber auch die Pflicht, den Grundsatz der Datensparsamkeit schon bereits bei der Anschaffung und Planung von Datenverarbeitungssystemen zu berücksichtigen. Das anzuschaffende und zu betreibende Datenverarbeitungssystem muss also zunächst die technische Möglichkeit besitzen, die Datenverarbeitung nach Maßgabe des jeweiligen zuvor festgelegten Verarbeitungszweckes individuell zu steuern. Dies sind die technischen Voraussetzungen, die der Normengeber in Art. 25 I DSGVO an entsprechende EDV-Systeme stellt. Darüber hinaus beinhaltet der Art. 5 I c) DSGVO die Verpflichtung zur Begrenzung der Datenverarbeitung.

Danach hat die für die Datenverarbeitung verantwortliche Stelle die durch das EDV-System stattfindende Datenverarbeitung so zu organisieren, dass nur die Daten verarbeitet werden, die zur Erreichung des vorher festgelegten Verarbeitungszweckes zwingend erforderlich sind.

Da hier lediglich die Einhaltung der handels- und abgabenrechtlichen Vorschriften ermöglicht werden soll, ist zu prüfen, inwieweit technisch und organisatorisch sichergestellt wird, dass auch nur die nach den handels- und abgabenrechtlichen Vorschriften zu archivierenden Unterlagen (Handelsbücher, Handelsaufzeichnungen, Inventare, Jahresabschlüsse, Lageberichte, Eröffnungsbilanzen nebst den zu ihrem Verständnis erforderlichen Arbeitsanweisungen und sonstige Organisationsunterlagen, empfangene und abgesandte Handels- oder Geschäftsbriefe, Buchungsbelege und sonstige Unterlagen, die für die Besteuerung des Unternehmens von Bedeutung sind) hier tatsächlich verarbeitet werden.

Nach den Angaben des Arbeitgebers soll ferner der gesamte ein- und ausgehende E-Mailverkehr 10 Jahre lang archiviert werden. Eine Ordnung der Mails unter buchhalterischen Gesichtspunkten soll dagegen gerade nicht erfolgen.

Es besteht mithin die konkrete Gefahr, dass weit mehr Daten 10 Jahre lang gespeichert werden, als es zur Erfüllung handels- und abgabenrechtlicher Bestimmungen nötig sind.

Ferner ist zu berücksichtigen, dass die unter handels- und abgabenrechtlichen Gesichtspunkten archivierten Unterlagen insbesondere auch zu dem Zwecke der Überprüfung durch Dritte (Steuerbehörden, Wirtschaftsprüfer etc.) gespeichert werden. Da die entsprechend zu archivierenden Materialien auch personenbezogene Daten der Beschäftigten enthalten können, ist sicherzustellen, dass tatsächlich nur die Unterlagen an Dritte abgegeben werden, die von diesen im Rahmen ihres Prüfungsauftrages konkret benötigt werden.

Im Rahmen der Überwachung der Einhaltung des Grundsatzes der Datensparsamkeit hat der Betriebsrat daher auch die Pflicht zu prüfen, inwieweit im Rahmen des zukünftigen Betriebes des E-Mail- und File-Archivierungssystems technisch und organisatorisch sichergestellt wird, dass außenstehenden Dritten nur die Daten zugänglich gemacht werden, die für deren Auftrag erforderlich sind.

IV.) Grundsatz der Speicherbegrenzung:

Aus Art. 5 I e) DSGVO ergibt sich für die die Daten verarbeitende Stelle die Verpflichtung, personenbezogene Daten, die für eigene Zwecke verarbeitet werden zu löschen, sobald die Daten zur Erfüllung des Speicherungszwecks nicht mehr erforderlich sind.

Es ist hier, wie bereits dargelegt, davon auszugehen, dass die Daten lediglich zur Erfüllung der handels- und abgabenrechtlichen Vorschriften aufbewahrt werden sollen. Die entsprechenden handels- und abgabenrechtlichen Vorschriften sehen allerdings „nur" eine zeitlich begrenzte Archivierung vor. Demnach sind die dort genannten Unterlagen je nach Art zwischen sechs und zehn Jahren zu speichern. Diese Vorschriften sehen aber keine Löschungsfristen sondern nur Aufbewahrungspflichten vor.

Dennoch entfällt mit Ablauf der entsprechenden Zeitspanne dann in der Regel auch der entsprechend in den Vorschriften normierte Aufbewahrungszweck, sodass eine Löschung dann aus den datenschutzrechtlichen Vorschriften geboten ist.

V.) Verpflichtung zur Datensicherheit:

Aus Art. 32 DSGVO ergibt sich die Verpflichtung, technische und organisatorische Maßnahmen zu treffen, um die Verarbeitung personenbezogener Daten in Abhängigkeit von z. B. ihrer jeweiligen Sensibilität zu schützen.

Art. 32 II DSGVO weist insbesondere auf die Verpflichtung hin, personenbezogene Daten bei Übermittlung vor unbefugtem Zugang zu schützen. Hierfür kommt insbesondere die Verwendung eines dem Stand der Technik entsprechenden Verschlüsselungsverfahrens in Betracht.

Da sich der Arbeitgeber zur Begründung der Notwendigkeit einer E-Mail- und File-Archivierung auf die Vorschriften des Handels- und des Abgabenrechtes bezieht, geht er offensichtlich davon aus, dass die dort genannten Unterlagen in seinem Hause per E-Mail oder zumindest per E-Mailanhang versandt werden bzw. zukünftig versendet werden sollen.

Da diese Unterlagen typischerweise sensible Daten beinhalten (z. B. Welcher Mitarbeiter kauft für das eigene Unternehmen bei welchem Händler welche Mengen einer Ware zu welchen Preisen ein?), ist zu prüfen, inwieweit hier, angepasst an die entsprechende Sensibilität der Inhalte, die vom Gesetz gestellten Anforderungen an eine sichere Datenübertragung gewahrt sind.

C) Zwischenergebnis:

Vor Abschluss einer Betriebsvereinbarung sollte der Betriebsrat daher darauf hinwirken, dass spätestens bei Inbetriebnahme des entsprechenden Archivierungssystems die o. g. Grundsätze eingehalten werden.

Dazu empfiehlt es sich, beim Arbeitgeber zu erfragen, ob die o. g. Grundsätze eingehalten werden. Ein entsprechendes Fragerecht des Betriebsrates ergibt sich schon aus § 80 I Nr. 1 BetrVG in Verbindung mit den betreffenden Bestimmungen der DSGVO. Ein Schreiben an den Arbeitgeber könnte in unserem Fall dabei wie folgt aussehen:

Musterbrief

Gesamtbetriebsrat der B GmbH
B-Str. 11
1234 B-Hausen

B-GmbH
z. Hd. Herrn B. Beispiel – betrieblicher Datenschutzbeauftragter
- Im Hause -

Betr. E-Mail- /File-Archivierungssystem
CC: Der Geschäftsführung

Sehr geehrter Herr B.,
sehr geehrte Geschäftsführung,

nach Klärung der Mitbestimmungspflichtigkeit des o. g. Vorhabens bestehen noch Fragen zu den Einzelheiten des o. g. Systems. Dabei stellen sich die noch offenen Fragen wie folgt da:

1. Die B-GmbH beruft sich hinsichtlich der Notwendigkeit der geplanten Archivierung auf die Vorschriften der AO und des HGB. Nach der AO dürfen Handelsbücher, Handelsaufzeichnungen, Inventare, Lageberichte, versendete und abgesandte Handels- oder Geschäftsbriefe, Buchungsbelege und sonstige Unterlagen, die für die Besteuerung des Unternehmens von Bedeutung sind, auf elektronischen Datenträgern abgelegt werden. Für diese Daten sind Speicherfristen zwischen 6 und 10 Jahren zu beachten. Es wird daher um Mitteilung gebeten, wie sichergestellt wird, dass nur die o. g. Unterlagen tatsächlich entsprechend archiviert werden.
2. Ferner wird um Mitteilung gebeten, wie sichergestellt wird, dass bei den unterschiedlichen Belegen die dafür geltenden unterschiedlichen Aufbewahrungsfristen beachtet werden und eine automatische Löschungsroutine zwischen den unterschiedlichen Aufbewahrungsfristen unterscheiden kann.
3. Ferner wird um Mitteilung gebeten, wie in dem anzuschaffenden System sichergestellt werden soll, dass E-Mails und Anhänge, die nicht zu den o. g. Unterlagen gehören, nicht 6 bzw. 10 Jahre gespeichert werden.

4. Da die eigenen Mitarbeiter verpflichtet sind, auch den Datenschutz im Umgang mit fremder E-Mailpost einzuhalten, wird um Mitteilung gebeten, wie bei dem anzuschaffenden System sichergestellt wird, dass fremde Post, die nicht unter die o. g. Archivierungspflichten fällt, auch nicht danach übermäßig lange archiviert wird?
5. Ein unverschlüsselter E-Mailverkehr, dessen Authentizität nicht durch die Verwendung einer digitalen Signatur hinreichend sichergestellt ist, erfüllt weder die hohen Anforderungen an die Übertragungssicherheit noch die für eine beweiskräftige Verwendung im Rechtsverkehr nötigen Anforderungen an die Authentizität und Echtheit der Daten. Da die B-GmbH aber als Begründung für das neue Archivierungssystem insbesondere die Vorschriften der AO und des HGB anführt, ist davon auszugehen, dass per E-Mail erheblich beweisrelevante und möglicherweise sogar sensible Daten versendet werden sollen. Es wird daher um Mitteilung gebeten, wie den Art. 32 DSGVO aufgestellten Bestimmungen insbesondere an die Übertragungssicherheit und die Zugriffskontrollen (Art. 32 II DSGVO) gesetzten Anforderungen Genüge getan wird.
6. Aus den entsprechenden handelsrechtlichen, wirtschaftsrechtlichen und steuerrechtlichen Vorschriften ergibt sich die Pflicht des Geschäftsherrn, Bücher und seine Handelsgeschäfte so zu führen, dass sie einem sachverständigen Dritten innerhalb einer angemessenen Zeit Überblick über die Geschäftsvorfälle und über die Lage des Unternehmens vermitteln können. Es wird daher um Mitteilung gebeten, wie in dem anzuschaffenden System sichergestellt wird, dass innerhalb dieser angemessenen Zeit alle zu einem bestimmten Geschäftsvorfall nötigen Unterlagen, z. B. einzelnen Kundenakten, zugeordnet dargestellt werden können.

Um Missverständnissen bereits im Vorfeld zu begegnen sei der Hinweis erlaubt, dass der Betriebsrat schon gem. § 80 I Nr. BetrVG verpflichtet ist, auch die o. g. Bestimmungen des Bundesdatenschutzgesetzes auf ihre Einhaltung hin zu überprüfen. Allein dazu dient die Beantwortung der o. g. Fragen. Um die Verhandlungen über den Abschluss einer entsprechenden Betriebsvereinbarung nicht unnötig zu verzögern, wird um eine rasche Beantwortung der o. g. Fragen gebeten.

Mit freundlichen Grüßen
M. Klartext
Vorsitzende des Gesamtbetriebsrates

Merksatz:

Wem die entsprechenden Daten „gehören“, ist für eine Mitbestimmungspflichtigkeit in aller Regel nicht erheblich. Im Übrigen kennt das Datenschutzrecht keinen rechtlichen Eigentums- oder Besitzbegriff. Für die Anwendbarkeit der DSGVO und des BDSG ist es ausreichend, dass Daten Rückschlüsse auf eine natürliche Person, hier den Beschäftigten, zulassen. Aus betriebsverfassungsrechtlicher Sicht ist dagegen für eine Anwendung des § 87 I Nr. 6 BetrVG lediglich erforderlich, dass die entsprechenden Daten bei der Einführung und Anwendung von technischen Einrichtungen für eine Verhaltens- und Leistungskontrolle der Arbeitnehmer benutzt werden können.

2. Zuständigkeit des Betriebsrates bei ausgelagerter Datenverarbeitung

Einleitung:

Immer wieder ist festzustellen, dass an und für sich sehr aufmerksame Gremien ihre Zuständigkeit dann vernachlässigen, wenn die Verarbeitung von Daten der Beschäftigten nicht im eigenen Unternehmen, sondern durch Dritte außerhalb „der eigenen vier Wände" stattfindet. Um so mehr gilt dies, wenn die Verarbeitung von Beschäftigtendaten im weit entfernten Ausland stattfindet, wo Kultur- und Sprachbarrieren und nicht zuletzt Unverständnis für das Deutsche Betriebsverfassungsrecht eine Kontrolle erheblich erschweren. Der Kontrollwunsch des Betriebsrates wird in solchen Situationen sehr häufig vom Arbeitgeber mit der Begründung pauschal zurückgewiesen: „Dafür seid ihr nicht mehr zuständig." Wie mit solchen Argumenten insbesondere beim Auslandsdatentransfer umzugehen ist, wird an der nachfolgenden Verhandlungssituation verdeutlicht.

Sachverhalt:

Im Rahmen von Weiterbildungsmaßnahmen führt die Z-AG mit Sitz in Dortmund mit ihren Arbeitnehmern im firmeneigenen Intranet regelmäßig Tests durch. Um die Auswertung der Testergebnisse zentral und günstig zu gestalten, hat der Vorstand der Z-AG beschlossen, für diese Tätigkeit ein Fremdunternehmen in Düsseldorf zu beauftragen. Nach dem Inhalt dieses Vertrages bestimmt die Z-AG den Ablauf des jeweiligen Testes und die Auswertungskriterien. Das fremde Unternehmen in Düsseldorf ist dagegen für die Befragung der Mitarbeiter und die Aufarbeitung des Datenmaterials verantwortlich.

Konflikt:

Betriebsrat:	Arbeitgeber:
„Wir sind zuständig, da auch im fremden Unternehmen die Daten unserer Beschäftigten verarbeitet werden."	*„Der Betriebsrat ist nur für Datenverarbeitungen innerhalb unseres Unternehmens zuständig. Auf die Datenverarbeitung bei dritten eigenständigen Unternehmen kann der Betriebsrat keinen Einfluss nehmen. So hat unser Betriebsrat gegenüber der fremden Geschäftsleitung weder gesetzliche noch vertragliche Ansprüche."*

Konfliktlösung:

Fraglich ist zunächst, um was für ein Rechtsverhältnis es sich bei der Weitergabe der Daten der Z-AG an das fremde Unternehmen in Düsseldorf handelt. Hier kommt entweder eine einfache Datenübermittlung an ein außenstehendes Unternehmen oder eine sog. Auftragsverarbeitung im Sinne des Art. 28 DSGVO in Betracht.

Eine Auftragsverarbeitung liegt dann vor, wenn das Unternehmen, welches die Daten herausgibt, trotz der Datenherausgabe „Herr der Datenverarbeitung" bleibt. Das ist insbesondere dann der Fall, wenn der Datenempfänger gegenüber der Stelle, die die Daten herausgibt, weisungsgebunden ist und lediglich den Verantwortlichen bei seiner Arbeit unterstützt.

Kein Fall der Auftragsverarbeitung sondern ein Fall der Übermittlung liegt im Gegensatz dazu vor, wenn der Empfänger der Daten mehr als nur reine Hilfsfunktionen wahrnimmt und das Recht bekommt, eigenständig die ihm überlassenen Daten zu verarbeiten.

Eine Auftragsverarbeitung liegt demnach z. B. dann vor, wenn ein anderes Unternehmen im Rahmen der Vorgaben des Vertragspartners z. B. die hausinterne Schließanlage betreut und nach den Vorgaben des beauftragenden Unternehmens Schlüsselkarten herausgibt bzw. einzieht.

Eine Übermittlung liegt dagegen z.B. dann vor, wenn ein anderes Unternehmen für seinen Kunden eine Software entwickelt. Dabei ist trotz der regelmäßig vorliegenden Vorgaben ein so großer eigener Handlungsspielraum vorhanden, so dass das Softwarehaus hier als eigenständiger Dritter zu sehen ist und nicht lediglich als Auftragsdienstleister.

Die Übertragung von Daten im Rahmen einer Übermittlung richtet sich nicht nach Art. 28 DSGVO sondern nach Art. 6 I DSGVO.

Für die rechtliche Beurteilung der Datenverarbeitung durch ein weiteres Unternehmen ist daher die Unterscheidung zwischen Auftragsverarbeitung und Übermittlung von entscheidender Bedeutung. Fraglich ist daher, was für ein Verhältnis vorliegend gegeben ist.

Nach dem Sachverhalt entwickelt die Z-AG sowohl die Tests wie auch die Kriterien für die Ergebnisauswertungen selbst. Das beauftragte Unternehmen in Düsseldorf hat dagegen nur noch die Aufgabe das Datenmaterial aufzubereiten und die Befragung durchzuführen. Dabei handelt es sich im Vergleich zu den von der Z-AG durchgeführten konzeptionellen Aufgaben um weisungsgebundene Hilfstätigkeiten, so dass das Verhältnis zu der Z-AG und dem mit diesen Hilfsaufgaben beauftragten Unternehmen in Düsseldorf als Auftragsverarbeitung im Sinne des Art. 28 DSGVO zu qualifizieren ist.

Da im Rahmen dieser Auftragsverarbeitung das Unternehmen in Düsseldorf Daten der Beschäftigten der Z-AG verarbeitet, ist fraglich, in wie weit durch diese Datenverarbeitung des Unternehmens Rechte des Betriebsrates der Z-AG berührt sind.

Zunächst kommt das sog. Überwachungsrecht gem. § 80 I BetrVG in Verbindung mit Art. 28 und 5 I c) DSGVO auch für eine Kontrolle der Einhaltung der datenschutzrechtlichen Bestimmungen beim Verarbeiter in Düsseldorf in Betracht. Nach § 80 I Nr. 1 BetrVG hat der Betriebsrat jederzeit und anlassunbezogen die Pflicht (nicht nur das Recht), die Einhaltung der relevanten Vorschriften der DSGVO und des BDSG zu überwachen.

Um sein Überwachungsrecht hinreichend auszuüben, ist der Betriebsrat gemäß § 80 II BetrVG rechtzeitig vom Arbeitgeber zu unterrichten. Den Arbeitgeber trifft also die Pflicht, schon bereits vor einem Datentransfer, z. B. bei der Auswahl des geeigneten Verarbeiters, den Betriebsrat zu unterrichten.

Gemäß § 80 II S. 2 BetrVG sind dem Betriebsrat auf Verlangen jederzeit die zur Durchführung seiner Aufgaben erforderlichen Unterlagen zur Verfügung zu stellen. Hierunter fallen insbesondere die vertraglichen Bestimmungen des Vertrages zwischen dem Arbeitgeber und dem Verarbeiter zum Datenschutz. Diese sind dem Betriebsrat auf Verlangen („Holschuld") zur Verfügung zu stellen. Anhand dieser vertraglichen Bestimmungen ist der Betriebsrat in der Lage zu beurteilen, ob der Datenschutz mit dem Auftragsdienstleister ausreichend vereinbart ist.

Fraglich ist, ob der Betriebsrat auch die Möglichkeit hat, grundsätzlich die Datenverarbeitung beim Verarbeiter direkt zu überprüfen. Hierzu müsste der Betriebsrat gegenüber dem Verarbeiter eigene Auskunfts-, Stichproben- und Betretungsrechte haben.

Solche Ansprüche direkt gegenüber dem Verarbeiter räumt das BetrVG dem Betriebsrat jedoch nicht ein. Die betriebsverfassungsrechtlichen Regelungen, hier insbesondere die nach § 80 BetrVG, beziehen sich nur auf das Verhältnis zwischen dem Betriebsrat und dem eigenen Arbeitgeber, nicht aber auf das Verhältnis zu einem Dritten.

Auch vertragliche Ansprüche des Betriebsrates gegen den Auftragsdienstleister existieren schon mangels eines Vertragsverhältnisses zwischen den beiden Parteien nicht. So ist der Vertrag, der die Auftragsverarbeitung regelt, regelmäßig zwischen dem Arbeitgeber (hier der Z-AG) und dem Verarbeiter geschlossen und nicht zwischen dem Betriebsrat und dem Verarbeiter.

Der Betriebsrat hat daher regelmäßig keine Möglichkeit, direkt vom Verarbeiter Auskünfte zu der Art der dort durchgeführten Datenverarbeitung oder sogar Einsichtsrechte oder Stichprobenrechte geltend zu machen.

Zunächst ist daher die Frage zu stellen, ob der Betriebsrat für Fälle wie den hier vorliegenden überhaupt noch zuständig ist.

Dies ist zu bejahen. So ist der Betriebsrat für die Datenverarbeitung der personenbezogenen und personenbeziehbaren Daten seiner Arbeitnehmer dann zuständig, wenn dadurch eine Verhaltens- und Leistungskontrolle möglich ist, unabhängig davon, wer die Daten verarbeitet und wo die Datenverarbeitung stattfindet.

Dies hat das BAG auch in seinem Beschluss vom 27. 1. 2004, Az.: 1 ABR 7/03 festgestellt. Dort heißt es wörtlich:
„Die Vergabe der Überwachungstätigkeit an einen Dritten schließt das Mitbestimmungsrecht nicht aus."

Die Zuständigkeit des Betriebsrates erlischt daher nicht durch das bloße Auslagern der Datenverarbeitung. Ansonsten wäre der Umgehung von Mitbestimmungsrechten auch Tür und Tor geöffnet.

Fraglich bleibt jedoch, wie der Betriebsrat als zuständiges Organ die Einhaltung der datenschutzrechtlichen Bestimmungen beim Verarbeiter überprüfen soll, wenn er keine eigenen Ansprüche gegenüber dem Dritten hat.

Das BAG führt in derselben Entscheidung dazu aus (BAG, a.a.O):

„Der Arbeitgeber muss in einem solchen Fall durch entsprechende Vertragsgestaltungen mit dem Dritten sicherstellen, dass der Betriebsrat sein Mitbestimmungsrecht ausüben kann"

Für den Betriebsrat der Z-AG ist es daher wichtig, sich von seinem Arbeitgeber gem. § 80 II S. 2 BetrVG den Vertrag mit dem Düsseldorfer Auftragsdienstleister geben zu lassen und zu überprüfen, wie dieses Recht ausgestaltet worden ist.

Der Betriebsrat der Z-AG sollte bei Prüfung des Vertrages insbesondere auf die Einhaltung folgender Punkte achten:

- ► Ist der Arbeitgeber seiner Pflicht nachgekommen, den Verarbeiter anhand dessen technischer und organisatorischer Maßnahmen sorgfältig auszuwählen?
- ► Hat der Arbeitgeber den Auftrag an den Verarbeiter schriftlich erteilt?
- ► Sind im Auftragstext die nachfolgenden Dinge konkret benannt?
  - Gegenstand des Auftrages
  - Auftragsdauer
  - Umfang der Datenverarbeitung
  - Art der Datenverarbeitung
  - Zweck der einzelnen Verarbeitungsschritte
  - Art der zu verarbeitenden Daten
  - Kreis der von der Auftragsverarbeitung betroffenen Personen.

- Die konkreten Maßnahmen des Verarbeiters für eine effektive
  - Zutrittskontrolle (z. B. Schlosssysteme, Anwesenheitskontrollen, Einbruchmeldeanlagen)
  - Systemzugangskontrolle (z. B. Passwort zum jeweiligen System)
  - Zugriffskontrolle (z. B. Rollen- und Rechtekonzept)
  - Transportkontrolle z. B. (Verschlüsselung, Transport in abschließbaren und einbruchhemmenden Behältnissen)
  - Eingabekontrolle (z. B. Protokollierung der Eingaben).
  - Weisungskontrolle (z. B. Kontrolle, ob der Arbeitnehmer die Weisungen des Arbeitgebers im Rahmen der Auftragsverarbeitung befolgt)
  - Verfügbarkeitskontrolle (z. B. Datensicherung)
  - getrennte Verarbeitung nach dem jeweiligen Verarbeitungszweck (z. B. Verarbeitung in unterschiedlichen Datenbanken).

Um diese Maßnahmen zur Datensicherheit an die Sensibilität der verarbeiteten Daten anzupassen, empfiehlt es sich, die Daten zuvor entsprechend ihrer jeweiligen Sensibilität einzuordnen. Dabei können z. B. folgendes Sensibilitätsklassen verwendet werden, wobei zu beachten ist, dass sich eine solche Einordnung nicht im Gesetz findet.

- - Klasse 1 – frei zugängliche Daten – (*Name*)
  - Klasse 2 – für Belästigungen geeignete Daten – (private *Adresse)*
  - Klasse 3 – Daten mit Gefährdungspotential für Ansehen und Stellung – (*Religion, Erwerbsminderungsgrade, Gehalt*)
  - Klasse 4 – Daten mit erheblichem Gefährdungspotential für Ansehen und Stellung – (*Vorstrafen, Pfändungen, medizinische Untersuchungsergebnisse*)

Weiter sollte im Vertrag Folgendes geregelt sein:

- Rechte auf
  - Berichtigung, wenn Daten falsch sind
  - Löschung, wenn Daten z. B. nicht gespeichert werden dürfen und
  - Einschränkung der Verarbeitung: Damit ist eine Verwendungsbeschränkung für bestimmte Zwecke gemeint (Art. 4 Nr. 3 DSGVO).

- Die Pflichten des Verarbeiters zur
  - Verpflichtung seiner Beschäftigten auf das Datengeheimnis, Art. 28 III Satz 1 lit. b) DSGVO,
  - Benennung eines betrieblichen Datenschutzbeauftragten, wenn die Voraussetzungen dafür vorliegen, Art. 37 DSGVO.
  - Kooperation mit den Aufsichtsbehörden bei Kontrollen, Art. 28 III Satz 1 lit. h) DSGVO,
  - Vermeidung unbefugter Datenverarbeitungen, Art. 28 III S. 2 DSGVO,
  - Kontrolle der Einhaltung seiner Verpflichtungen, Art. 28 III Satz 1 lit. h) DSGVO.

- Hat der Verarbeiter das Recht, Unterauftragsverhältnisse zu erteilen? (Art. 28 IV DSGVO) (Auf wie vielen Ebenen? Besteht eine Pflicht zur Meldung an den Verantwortlichen?)

- Wie kann der Verantwortliche den Datenschutz beim Verarbeiter kontrollieren? (Art. 28 III Satz 1 lit h) DSGVO)
  - Wer von der Seite des Arbeitgebers ist zu Kontrollen befugt (GF, bDSB, BR)?
  - Wer auf der Seite der Arbeitnehmer ist zur Auskunft berechtigt und in der Lage (Geschäftsführung, Datenschutzbeauftragter, Betriebsrat)?
  - Bestehen auf der Seite der Arbeitnehmer turnusmäßige Berichtspflichten (Verzeichnis der Verarbeitungstätigkeiten, Datenschutzbericht, Sicherheitskonzept)?

- Wie kann der Auftraggeber den Datenschutz beim Auftragnehmer kontrollieren? (§ 11 II Nr. 7 BDSG)
  - Mögliche Inhalte eines Datenschutzberichtes:
    - Verpflichtung der Beschäftigten
    - Schulung der Beschäftigten
    - Veränderungen in der Verarbeitung
    - Besondere Vorkommnisse bei der Verarbeitung
    - Kontrollen der Aufsichtsbehörde
    - Auskunftsersuchen von Betroffenen oder Dritten
  - Besteht die Möglichkeit der Kontrollen vor Ort?
    - Mit Ankündigung?
    - Ohne Ankündigung?
    - Welche Bereiche werden dabei kontrolliert?

  - Was wird kontrolliert?
- Die Verpflichtung des Verarbeiters, Verstöße gegen normierte oder vertragliche Vorschriften dem Verantwortlichen zu melden (Art. 28 III Satz 3 DSGVO):
  - Wem ist zu melden (GF, bDSB, BR, Betroffenen)?
  - Wer ist außerhalb der üblichen Geschäftszeiten erreichbar?
  - Wie ist zu melden (telefonisch, per Mail (verschlüsselt?), per Fax, per Brief)?
  - Wie schnell ist zu melden?
- Wie weit reicht die Weisungsbefugnis des Verantwortlichen gegenüber dem Verarbeiter (Art. 28 II Satz 1 lit a) DSGVO)?
  - Kann der Verantwortliche auch die Art der Datenverarbeitung bestimmen?
  - Ist der Verarbeiter der Ansicht, dass die Weisungen des Verantwortlichen nicht normenkonform sind, hat er den Verantwortlichen darauf hinzuweisen (Art. 28 III Satz 3 DSGVO).
- Was passiert mit den Daten und Datenträgern nach Beendigung des Auftrages?
  - Rückgabe?
  - Vernichtung durch und beim Verarbeiter?

Ferner sollte der Betriebsrat überprüfen, ob und wie der Arbeitgeber als Verantwortlicher der Datenverarbeitung sich regelmäßig über die Einhaltung der o.g. Maßnahmen überzeugt. Da das Ergebnis solcher Kontrollen zu dokumentieren ist (Art. 5 II DSGVO), sollte sich der Betriebsrat gem. § 80 II S. 2 BetrVG auch die entsprechenden Unterlagen vorlegen lassen.

Eine penible und regelmäßige Kontrolle der Einhaltungen dieser Pflichten ist umso wichtiger, als dass Verstöße gegen die Regeln zur Auftragsverarbeitung eine Ordnungswidrigkeit i. S. d. Art. 83 IV a) DS-GVO darstellen, die mit einer Geldbuße von bis 10.000.000 Euro oder 2 % des Weltjahreskonzernumsatzes zu geahndet werden können.

Merksatz:

Werden Daten der Mitarbeiter durch dritte Unternehmen mitbestimmungspflichtig verarbeitet, bleibt der eigene Betriebsrat zuständig.

3. Anwendbarkeit des BDSG bei „analoger" Datenverarbeitung

Einleitung:

Betrachtet der Betriebsrat die Beschäftigtendatenverarbeitung in einem Unternehmen, stellt er schnell fest, dass neben der elektronischen Datenverarbeitung immer noch eine Verarbeitung von Beschäftigtendaten in klassischen Medien, der Papierakte, existiert.

Da im Rahmen dieser „analogen" Datenverarbeitung selbstverständlich genauso sensible Daten wie in der elektronischen Datenverarbeitung gespeichert und verarbeitet werden, stellt sich die Frage, inwieweit die rechtlichen Bestimmungen zum Datenschutz auch auf die Papierdatenverarbeitung anwendbar sind. Da dieses Thema häufig Gegenstand von Verhandlungskonflikten ist, soll im Folgenden eine für beide Seiten befriedigende Lösung aufgezeigt werden.

Sachverhalt:

Die Y-AG bewahrt ihre Personalakten als Papierakten in der Personalabteilung auf. Möchte eine zur Einsicht berechtigte Person Einsicht in eine entsprechende Personalakte nehmen, muss sie sich an die Personalabteilung wenden. Diese prüft dann das entsprechende Begehren und legt ggf. die ganze Akte oder auch nur Teile dem entsprechenden Berechtigten im Personalbüro zur Einsicht vor.

Dem Betriebsrat der Y-AG ist bekannt geworden, dass verschiedene Abteilungsleiter eigene Aufzeichnungen zu Mitarbeiterverhalten führen. So hat insbesondere der Abteilungsleiter A zu jedem seiner 15 Mitarbeiter eine eigene handschriftliche Aufzeichnung über die Abwesenheit der letzten 12 Monate erstellt. In dieser Aufzeichnung ist Folgendes vermerkt:

- *Der Name des Angestellten.*
- *Die Zahl der Fehltage auf Grund einer Arbeitsunfähigkeit innerhalb der letzten 12 Monate.*
- *Die einzelnen Fehltage, geordnet nach dem jeweiligen Datum.*

Die handschriftlichen Aufzeichnungen sind chronologisch geführt. Der A bewahrt diese Unterlagen in seinem abschließbaren Büroschrank auf. Angesprochen vom Betriebsrat auf sein Verhalten erklärt der A, dass er diese Daten benötigt, um ein Gespräch nach § 84 II SGB IX anbieten zu können.

Er erklärt ferner, dass er im Übrigen diese Daten auch ohne weiteres von der Personalabteilung bekommen könnte. Um jedoch ein ständiges Nachfragen bei der Personalabteilung zu vermeiden, sei er berechtigt, entsprechende eigene Aufzeichnungen zu führen.

Konflikt:

Betriebsrat:	Arbeitgeber:
„Das Führen von ‚Schattenakten' ist überflüssig und somit nach dem BDSG schon unzulässig."	*„Das BDSG ist auf Papierakten schon gar nicht anwendbar. Im Übrigen ist hier der Betriebsrat auch gar nicht zuständig. Allenfalls ist eine Zuständigkeit des betrieblichen Datenschutzbeauftragten gegeben."*

Konfliktlösung:

Fraglich ist zunächst, ob das Verhalten des A mitbestimmungspflichtig ist.[5]

In Betracht kommt hier zunächst das Mitbestimmungsrecht gemäß § 87 I Nr. 6 BetrVG, da hier das Verhalten der Arbeitnehmer vom Vorgesetzten überwacht wird. § 87 I Nr. 6 BetrVG gilt aber nur für Überwachung durch den Einsatz von technischen Einrichtungen. Eine handschriftliche Aufzeichnung ist aber keine solche technische Einrichtung. Insofern besteht kein Mitbestimmungsrecht nach § 87 I Nr. 6 BetrVG.

Ferner wäre an § 87 I Nr. 1 BetrVG zu denken. Das Führen von Schattenakten durch den A betrifft jedoch keine Frage der Ordnung des Betriebes. So ist vorliegend nicht bekannt, dass es im Unternehmen eine Ordnungsregel gab, die das Führen solcher Akten vorgab.

5 Hier geht es nicht um die Frage, ob dass betriebliche Eingliederungsmanagement mitbestimmungspflichtig ist. Hier ist dagegen nur die Frage relevant, inwieweit die Aktenführung des A die Rechte des Betriebsrates auslöst.

Möglicherweise folgt die „Zuständigkeit“ des Betriebsrates aber aus seinem Überwachungsrecht. Dieses könnte sich aus § 80 I BetrVG ergeben. Dazu müsste es sich bei den in Betracht kommenden Normen um solche handeln, welche dem Schutze der Arbeitnehmer dienen. Hier kommen sowohl die Regelungen der DSGVO als auch des BDSG in Betracht. Art. 1 I DSGVO enthält Vorschriften zum Schutz natürlicher Personen, folglich auch der Arbeitnehmer. Art. 88 I DSGVO eröffnet darüber hinaus den nationalen Gesetzgebern die Möglichkeit, die Beschäftigtendatenschutz in nationalen Gesetzen konkreter zu fassen. Der deutsche Gesetzgeber hat durch die Einführung des § 26 BDSG davon Gebrauch gemacht.

Da also die DSGVO als auch das BDSG – zumindest zum Teil – zum Schutze auch von Arbeitnehmern gelten, gelten sie zu ihren Gunsten und sind somit Normen, die unter § 80 I BetrVG fallen.

Fraglich ist aber weiterhin, ob die DSGVO und das BDSG auf die handschriftlichen Aufzeichnungen des A überhaupt anwendbar sind, da es sich hier nicht um eine EDV-gestützte Datenverarbeitung handelt. Der Anwendungsbereich der DSGVO ergibt sich u.a. aus Art. 2 I DSGVO. Danach ist die Verordnung auch für nichtautomatisierten Verarbeitungen anwendbar, wenn die personenbezogenen Daten in einem "Dateisystem" gespeichert sind oder gespeichert werden sollen.

Fraglich ist daher, ob es sich bei den handschriftlichen Aufzeichnungen des A um ein solches Dateisystem handelt.

Bei dieser Begrifflichkeit handelt es sich um einen unbestimmten Rechtsbegriff, der in Art. 4 VII DSGVO definiert ist. Danach ist ein Dateisystem jede strukturierte Sammlung personenbezogener Daten, nach bestimmten Merkmalen zugänglich ist und ausgewertet werden kann.

Dies ist bei den Aufzeichnungen des A der Fall. So sind die Aufzeichnungen des A immer nach demselben Ordnungsschema aufgebaut (Name des Arbeitnehmers, Zahl der Fehltage) und enthalten auch verschiedene Merkmale in der immer gleichen Reihenfolge. Es handelt sich daher um eine geordnete – sprich systematische – Sammlung personenbezogener Daten in nicht automatisierter Form im Sinne dieser Vorschrift. Somit gilt das BDSG, und der Betriebsrat ist zumindest nach § 80 I BetrVG auch „zuständig“.

Der deutsche Gesetzgeber geht über diese europäische Regelung sogar noch zu Gunsten der Arbeitnehmer hinaus, indem er in § 26 VII BDSG nun klarstellt, dass die Regleungen zum Beschäftigtendatenschutz auch für personenbezogene Daten gelten, die nicht in einem Dateisystem gespeichert sind oder zukünftig gespeichert werden sollen. Ob der deutsche Gesetzgeber diese vom europäischen Recht abweichende Regelung erlassen durfte, wird zukünftig geklärt werden.

Als nächstes stellt sich die Frage, ob die vom A gepflegte Form der Datenverarbeitung im Sinne des BDSG zulässig ist. In der DSGVO als auch im BDSG gilt der Grundsatz des Verbotes mit Erlaubnisvorbehalt. Das bedeutet, dass grundsätzlich jede Form der Datenverarbeitung verboten ist, es sei denn, es gibt eine ausdrückliche Erlaubnis in Form einer Rechtsvorschrift, oder der Betroffene hat seine freiwillige Einwilligung erklärt.

Ob eine Datenverarbeitung zulässig ist, regelt zunächst Art. 6 DS-GVO. Danach ist eine Datenverarbeitung zulässig, wenn die DSGVO oder eine andere Rechtsvorschrift sie erlaubt oder anordnet oder die Betroffenen in Datenverarbeitung freiwillig eingewilligt haben. Es ist daher zunächst zu prüfen, ob die DSGVO Aufzeichnungen der entsprechenden Daten durch Vorgesetzte erlaubt. Zu beachten ist hier aber, dass im vorliegenden Fall Daten zur Gesundheit der Arbeitnehmer erfasst werden. Es handelt sich somit um "besondere Kategorien personenbezogener Daten" für die Art. 9 DSGVO als speziellere Vorschrift Annwendung findet.

Als Zweck für seine Datenerhebung gab der A die Einhaltung der Fristen zum betrieblichen Wiedereingliederungsmanagement an (BEM i. S. des § 84 II SGB IX). Es liegt somit ein Fall des Art. 9 II h) DSGVO vor. Hier kommt als Spezialvorschrift § 84 II SGB IX in Betracht. Fraglich ist jedoch, ob durch die hier praktizierte Form der Datenverarbeitung nicht das schutzwürdige Interesse der betroffenen Arbeitnehmer in erheblichen Maße tangiert wird.

Dabei ist zu beachten, dass schon nach dem Grundsatz der Datenminimierung im Sinne des Art.5 I c) DSGVO jede unnötige Datenverarbeitung zu unterlassen ist. Für die Durchführung der Maßnahmen im Rahmen des BEM nach den Voraussetzungen des § 84 I SGB IX hat der Arbeitgeber das Recht festzustellen, welcher Arbeitnehmer in den vergangenen zwölf Monaten mehr als sechs Wochen arbeitsunfähig erkrankt war. Das dazu erforderliche Datenmaterial befindet sich bereits aus verschiedenen anderen Gründen bei der Personalabteilung. Die Personalabteilung ist also ohne weiteres in der Lage, die Voraussetzungen des BEM zu überprüfen.

Eine zweite Erfassung der Fehltage durch eine andere Stelle, hier insbesondere durch die Abteilungsleiter, ist daher zum Zwecke der Feststellung der Voraussetzungen des BEM nicht nötig.

So kann die Personalabteilung selbst die Voraussetzungen für das BEM prüfen und die Betroffenen bei Vorliegen dieser Voraussetzungen zu einem Gespräch nach § 84 II SGB IX einladen. Es besteht schon aus diesem Grunde kein Anlass, einen zweiten Datenbestand zu eröffnen.

Dies gilt umso mehr als solche sog. Schattenakten die Gefahr in sich bergen, dass bei ihnen nur mangelhaft die Einhaltung des BDSG überprüft werden kann. So haben die meisten Schattenakten keinen offiziellen Charakter. Zudem werden sie meist geheim gehalten.

Insbesondere ist auch fraglich, ob handschriftliche Schattenakten in dem sog. Verzeichnis von Verarbeitungstätigkeiten zu dokumentieren sind, da gem. Art. 30 I Satz 1 nur "Verarbeitungstätigkeiten" zu dokumentieren sind. Es wird noch geklärt werden, ob handschriftlich geführte Aufzeichnungen und Akten dazu gehören. Im alten BDSG war das eindeutig zu verneinen, da die Vorschriften für das dort geregelte Verfahrensverzeichnis nur für "automatische Verarbeitungen" galten.

Eine Berechtigung einer entsprechenden Aufzeichnung des A kann folglich nicht aus Gesetz abgeleitet werden.

Auch andere Bestimmungen des BDSG oder anderer Gesetze erlauben das Führen solcher Schattenakten nicht. Es wird daher dem Arbeitgeber zu raten sein, darauf hinzuwirken, dass der A zukünftig die in Rede stehenden Daten nicht weiter erfasst und die bisherigen Aufzeichnungen vernichtet.

Merksatz:

Sowohl die DSGVO als auch das BDSG gelten auch ausdrücklich für Daten, die nicht automatisert verarbeit werden.

4. Datenminimierung

Einleitung:

Viele Verhandlungskonflikte im Bereich des Beschäftigtendatenschutzes entspringen der Tatsache, dass Daten überhaupt oder zumindest immer noch existieren. Dieses Problem wird auch gerne mit dem Merksatz: *„Nur Daten, die existieren, sind gefährlich."* zusammengefasst.

Streitthema bei Verhandlungen über den Inhalt von Betriebsvereinbarungen zum Thema Datenschutz ist dabei fast immer auch das Thema „Löschungsfristen". Verhandlungen zu diesem Thema werden vor allen Dingen durch die Tatsache erschwert, dass so gut wie gar keine normierten vorgeschriebenen Löschungsfristen existieren.

So enthält weder die DSGVO noch das BDSG überhaupt konkrete Löschungsfristen. Diesbezüglich lassen es die Normengeber bei nicht konkreten Formulierungen bewenden.

Umso wichtiger ist es für das Betriebsratsgremium, bei der Vorbereitung auf Verhandlungen über den Abschluss von Betriebsvereinbarungen zum Thema „Beschäftigtendatenschutz" sich im Vorfeld Gedanken über konkrete Löschungsfristen zu machen. Wie man dabei am besten vorgeht, soll nachfolgender Beispielsfall verdeutlichen.

Sachverhalt:

Die E-AG unterhält in ihrem Standort in Moers ein Zugangskontrollsystem. Da sich die E-AG als weltoffenes und kundenorientiertes Unternehmen präsentieren möchte, hat sich die Konzernleitung in ihrem neuen Gebäude dazu entschlossen, grundsätzlich zunächst jedem den Zugang zum Betriebsgelände und dem Erdgeschoss nebst Pförtner, Ausstellungshalle und Toilettenräumen zu gewähren.

In die anderen Etagen sollen nur Berechtigte gelangen. Zu diesem Zwecke wurde ein Zugangskontrollsystem eingerichtet.

So sind die Aufzüge und das Treppenhaus im Gebäude der E-AG nur durch das vorherige Öffnen von Türen zu erreichen. Diese Türen lassen sich nur öffnen, indem vor das an den Türen angebrachte Lesegerät der entsprechende Schlüsselchip gehalten wird.

Auf diesem Chip ist ein jedem Mitarbeiter individuell zuordbarer Datensatz gespeichert.

Wird der entsprechende Chip vor das Lesegerät gehalten, erfasst das System den entsprechenden Datensatz, das Datum und die Uhrzeit der Terminalbedienung, sowie die Nummer des Lesegerätes.

Eine Nachfrage des Betriebsrates ergibt, dass diese Daten vom System auf unbegrenzte Zeit gespeichert werden.

Die E-AG unterhält auch eine eigene Kantine im Haus. Vor einiger Zeit wurde dort der bargeldlose Zahlungsverkehr eingeführt. Die E-AG hat das Kantinenkartensystem aus verschiedenen Gründen eingeführt. Zum einen stand für die Einführung des Kantinenkartensystems der Sicherheitsaspekt im Vordergrund. So muss im Kantinenbereich nicht mehr mit Bargeld umgegangen werden. Insbesondere entfallen die entsprechenden Botengänge des Personals zum Holen und Wegbringen der Bargeldeinnahmen zu den entsprechenden Kreditinstituten.

Des Weiteren sprachen auch die Hygienevorschriften für die Einführung des bargeldlosen Zahlungsverkehrs, da in der Kantine regelmäßig auch Angestellte mit der Verarbeitung von Lebensmitteln beschäftigt sind und kein Bargeld mehr berühren müssen.

Vor einiger Zeit wurde an jeden Mitarbeiter der E-AG eine Kantinenkarte ausgegeben. Dabei handelt es sich um einen kreditkartenähnlichen Kunststoffausweis. Auf diesem Ausweis ist die jeweilige Personalnummer des entsprechenden Arbeitnehmers gespeichert.

Hat der Gast seine Speisen ausgewählt und sich in den Kassenbereich begeben, gibt die Kantinen-Mitarbeiterin die entsprechenden Beträge in das Kassenterminal ein.

Der Gast wird sodann aufgefordert, sein Karte vor ein Lesegerät zu halten. Dabei wird die entsprechende Personalnummer ausgelesen. Der Betrag wird entsprechend dem Konto der mit der Personalnummer identifizierbaren Person zugeordnet und bei der nächsten Gehaltsabrechnung vom Lohn abgezogen.

Eine Nachfrage des Betriebsrates ergab, dass dieses System die Personalnummer, den gebuchten Betrag, das Datum der Buchung nach dem Muster TT.MM.JJJJ sowie die Uhrzeit nach dem Muster SS.MM.SS erfasst und auf unbestimmte Zeit gespeichert hält.

Konflikt:

Betriebsrat:	Arbeitgeber:
„Eine endlose Datenspeicherung von Beschäftigtendaten ist rechtswidrig."	*„Wie sollen wir Löschungsfristen einhalten, wenn zu diesen Themen fast überhaupt keine normierten Löschungsfristen existieren?"*

Konfliktlösung:

Das BDSG setzt an verschiedenen Stellen die Notwendigkeit von Löschungsfristen selbstverständlich voraus. Beispielhaft sei hier Art. 30 I Satz 2lit. f) DSGVO genannt. Auch Art. 17 DSGVO schreibt das Löschen vor. Ferner lässt sich die Notwendigkeit, Löschungsfristen zu normieren, auch aus dem in Art. 5 I c) DSGVO normierten Grundsatz der Datenminimierung ableiten.

Um den unterschiedlichen Datenverarbeitungen bei der E-AG gerecht zu werden empfiehlt es sich, für die Definition von Löschungsfristen zwischen den verschiedenen Datenverarbeitungen zu unterscheiden.

Zugangskontrollsystem

Der im Sachverhalt angegebene Zweck für die Einführung des Zugangskontrollsystems war es allein, den Zugang zum Gebäude nur berechtigten Arbeitnehmern zu gewähren. Hierfür ist aber nur erforderlich, dass im System die Nummern der berechtigten Ausweise hinterlegt werden. Es reicht, dass das System die von der entsprechenden Karte eingelesene Nummer mit dem im Bestand der zugangsberechtigten Nummer vergleicht und dann den Zugang gewährt oder verweigert. Eine darüberhinausgehende Speicherung von Daten (z.B. dem Zeitpunkt der Bedienung des Lesegerätes) ist dagegen nicht erforderlich.

Kantinenkarte

Zunächst ist zu prüfen, welche Daten im Rahmen des Kantinenkartensystems überhaupt notwendiger Weise zu speichern sind. Die Art der zu verarbeitenden Daten hat sich dabei am Abrechnungszweck zu orientieren.

Zur Abrechnung erforderlich ist zunächst einmal, dass der entsprechende Datensatz der Person eines entsprechenden Arbeitnehmers zugeordnet werden kann. Hierfür ist die Personalnummer erforderlich.

Des Weiteren ist für eine Verrechnung mit dem Gehalt für die entsprechenden Speisen und Getränke der zu zahlende Betrag notwendig.

Ferner ist zur Zuordnung des Buchungsvorgangs zur entsprechenden Gehaltsabrechnung auch das Tagesdatum notwendig.

Weitere Daten, insbesondere die Uhrzeit, zu der die entsprechende Buchung vorgenommen wurde, sind nicht erforderlich.

Daten, die für einen legitimen Zweck jedoch nicht erforderlich sind, sind gemäß Art. 5 I c) DSGVO auch nicht zu speichern. Das System ist daher entsprechend in seiner Einstellung so zu ändern, dass die Uhrzeit der Buchung nicht erfasst wird.

Ferner war eine Löschungsfrist für diesen Datensatz zu bestimmen. Gesetzliche Vorschriften, die die Löschungsfrist vorsehen würden, bestehen hierzu nicht. Insofern ist eine Löschungsfrist anhand des vorgegebenen Zwecks selbst zu gestalten.

Da hier der entsprechende in der Kantine angefallene Betrag vom Gehalt monatlich abgezogen wird, ist eine Speicherfrist über mehrere Jahre oder sogar ohne Begrenzung hier sicher nicht angebracht. Hier wird man dem Arbeitgeber zubilligen müssen, nach der Erstellung der entsprechenden Gehaltsabrechnung dem Arbeitnehmer eine Widerspruchsfrist von etwa drei Monaten einräumen zu können, d. h. dass hier zu empfehlen wäre, die Daten drei Monate nach Zustellung der entsprechenden Gehaltsabrechnung zu löschen. Die Löschungsfrist gilt natürlich nicht für die Buchhaltung der Kantine. Buchhaltungsbelege müssen nach den steuerrechtlichen Vorschriften wesentlich länger aufbewahrt werden. Für die Buchhaltung in der Kantine ist aber grundsätzlich weder die Uhrzeit noch die jeweilige Personalnummer erforderlich.

Merksatz:

Auch ohne die Existenz gesetzlicher Löschungsfristen ergibt sich schon aus dem Grundsatz der Datenminimierung die Notwendigkeit zur Entwicklung von Speicher- und Löschungsfristen für die betriebsinterne Datenverarbeitung.

5. Präventive Maßnahmen

Einleitung

Eine typische Situation bei Verhandlungen zum Arbeitnehmerdatenschutz ist, dass Arbeitgeber häufig durch eine intensive Verarbeitung von Arbeitnehmerdaten für sie unangenehme Situationen, wie z. B. Straftaten, verhindern wollen. Dabei wird häufig von Seiten der Arbeitgeber aus Gründen der Prävention vom zuständigen Gremium verlangt, ohne konkrete Vorfälle und ohne, dass ein konkreter Anlass dazu bestünde, der Speicherung oftmals sensibler Daten zuzustimmen.

Verweigert der Betriebsrat hier seine „Mitarbeit" sieht er sich häufig Aussagen wie: *„Sie sind schuld, wenn wir dies und das nicht verhindern konnten"* gegenüber.

Typische Themen für solche präventiven Maßnahmen sind regelmäßige Videoüberwachungen, E-Mail-Archivierungen und Drogenscreenings.

Wie man dennoch einen solchen Verhandlungskonflikt für beide Seiten befriedigend auflösen kann, soll anhand des folgenden Beispiels gezeigt werden:

Sachverhalt (nach BAG, Urteil vom 12.08.1999, Az.: 2 AZR 55/99)[6]:

Die B-AG beschäftigen zur Absicherung ihres befriedeten Außengeländes bewaffnete Wachmänner. Dort ist auch der bewaffnete Wachmann (im Folgenden W genannt) beschäftigt. Nachdem W mehrere Jahre anstandslos seinem Beschäftigungsverhältnis nachgegangen ist, führt der Arbeitgeber nun eine jährliche Überprüfung auf Alkohol- und Drogenmissbrauch bei Schusswaffenträgern ein. Entsprechende Untersuchungen sollen durch den TÜV erfolgen.

Entsprechende ärztliche Untersuchungen sollen durch die Entnahme einer Blutprobe erfolgen. Dabei soll möglicher Alkohol- und Drogenmissbrauch bei den Wachmännern aufgeklärt werden. Entsprechend dieser betrieblichen Regelung wird in der Folgezeit der W zur Blutentnahme aufgefordert. Er verweigert sich jedoch dieser Blutentnahme

---

[6] Obwohl diese Entscheidung lange vor Inkraftreten der DSGVO erging, ist sie immer noch relevant und hat nichts an ihrer Bedeutung für den Beschäftigtendatenschutz verloren.

mit der Begründung, dass bei ihm keine konkreten Anhaltspunkte für einen Alkohol- oder Drogenmissbrauch vorlägen. Tatsächlich zeigte der W auch bis dahin keinerlei Ausfallserscheinungen.

In der Folgezeit unterrichtet der TÜV den Arbeitgeber von der Nichtdurchführung der entsprechenden Untersuchung bei W.

Daraufhin sucht der entsprechende Vorgesetzte des W das persönliche Gespräch mit ihm und weist ihn auf die Unerlässlichkeit einer entsprechenden Blutalkoholkontrolle hin. W lehnt auch nach diesem Gespräch weiterhin eine entsprechende Blutkontrolle ab. Als der W sich auch in einem neuen Gespräch nicht einsichtig zeigt, spricht der Arbeitgeber die ordentliche Kündigung des W aus.

Konflikt:

Betriebsrat:	**Arbeitgeber:**
Wir beharren auf dem Recht der körperlichen Unversehrtheit des Mitarbeiters.	*Wir geben zu bedenken, dass wir nicht gewillt sind, abzuwarten bis "der W erst jemanden über den Haufen geschossen hat."*

Konfliktlösung:

Bei der Lösung dieses Konfliktes gilt es sowohl die Interessen des betroffenen Arbeitnehmers als auch die Interessen und Pflichten (z. B. die Fürsorgepflicht gegenüber anderen Beschäftigten) des Arbeitgebers in Einklang miteinander zu bringen. Dabei ist zu beachten, dass Eingriffe in grundrechtsrelevante Schutzbereiche (hier zumindest das Recht auf körperliche Unversehrtheit und das Recht auf informationelle Selbstbestimmung) einer Rechtsgrundlage bedürfen.

Eine gesetzliche Grundlage für eine präventive Blutkontrolle bei Schusswaffenträgern besteht aber bislang in Deutschland nicht.

So enthält insbesondere das Waffengesetz keinerlei Verpflichtungen, dass derjenige, der eine Waffe führen will, sich routinemäßig Untersuchungen unterziehen muss, ob er trunksüchtig oder rauschmittelsüchtig ist. Erst nach einem Bekanntwerden von Tatsachen, die auf eine Trunksucht bzw. eine Rauschmittelsucht schließen lassen, kann die zuständige Behörde verlangen, dass der Waffenträger ein amts- oder fachärztliches Zeugnis über seine körperliche Eignung vorlegt.

Die ärztliche Untersuchung des Arbeitnehmers mit der daran anschließenden Offenbarung personenbezogener Daten hinsichtlich der Tauglichkeit des Arbeitnehmers führt regelmäßig zu einem Eingriff in die Intimsphäre des Arbeitnehmers.

Diese ist jedoch nur durch Art. 2 I GG in Verbindung mit Art. 1 I GG verfassungsrechtlich geschützt.

Ist die Untersuchung darüber hinaus – wie vorliegend – mit einer Blutentnahme verbunden, so liegt ein Eingriff in die körperliche Unversehrtheit vor. Diese so verfassungsrechtlich geschützten Arbeitnehmerinteressen des W sind mit den Interessen des Arbeitgebers, nur solche Arbeitnehmer zu beschäftigen, die nicht in Folge von Alkohol- bzw. Drogenmissbrauch im Betrieb eine Gefahr für sich und andere darstellen, abzuwägen.

Eine solche Interessenabwägung ergibt, dass die vorgesehene Blutalkoholkontrolle nur dann zulässig ist, wenn sie auf hinreichend sicherer tatsächlicher Feststellung beruht, dass ein derartiger, durch Alkoholkonsum bedingter, Eignungsmangel des Arbeitnehmers als nahe liegend erscheint. Solche konkreten Anhaltspunkte oder das Vorliegen eines irgendwie gearteten Alkohol- oder Drogenproblems beim W wurde vom Arbeitgeber jedoch zu keinem Zeitpunkt vorgetragen. W ist im Gegenteil in dem schon lange bestehenden Arbeitsverhältnis stets die volle und gesundheitliche Eignung als Wachmann attestiert worden. Die Anordnung einer verdachtsunabhängigen Blutkontrolle war daher unzulässig. Der unzulässigen Aufforderung, sich einer Blutentnahme zu unterziehen, darf sich der Betroffene aber widersetzen ohne seine Verhaltspflichten aus dem Arbeitsverhältnis zu verletzen.

Merksatz:

Für jeden Eingriff in die Rechte des Beschäftigten muss der Arbeitgeber eine Rechtsgrundlage nennen können.

6. Der betriebliche Datenschutzbeauftragte

Einleitung:

Über kurz oder lang kommt der Betriebsrat in Kontakt mit dem betrieblichen Datenschutzbeauftragten. Dabei fehlt es den Betriebsräten häufig an Kenntnissen hinsichtlich der Funktion und den Aufgaben des Datenschutzbeauftragten. Die nachfolgende Konfliktlösung soll einen Ausweg aus diesem Dilemma zeigen.

Sachverhalt:

Der BR der X-GmbH hat sich in der Vergangenheit zum Zwecke der Überwachung der Einhaltung der datenschutzrechtlichen Bestimmungen in seinem Unternehmen an den betrieblichen Datenschutzbeauftragten gewandt. Dieser verweigert jedoch jegliche Auskünfte mit der Begründung, dass er weisungsfrei arbeite, und der Betriebsrat daher keine Rechte habe, seine Arbeit zu überprüfen.

Konflikt:

Betriebsrat:	**Betrieblicher Datenschutzbeauftragter:**
„Wir möchten wissen, wie es um den Datenschutz in unserem Unternehmen bestellt ist und ob der betriebliche Datenschutzbeauftragte seinen gesetzlichen Aufgaben nachkommt."	*„Ich bin in meiner Arbeit weisungsfrei. Der Betriebsrat hat kein Recht, mich und meine Arbeit zu kontrollieren."*

Konfliktlösung:

Nach § 80 I Nr. 1 BetrVG ist der Betriebsrat verpflichtet, die Einhaltung der Gesetze, die dem Schutz der Arbeitnehmer dienen, zu überwachen.

Nach Art. 1 I DSGVO enthält diese Vorschriften zum Schutz natürlicher Personen. Nach Art. 1 II DSGVO schützt sie zudem die

Grundrechte und Grundfreiheiten natürlicher Personen. Es handelt sich daher zumindestens bei den Vorschriften der DSGVO, die auch für die Verarbeitung von Beschäftigtendaten anzuwenden sind, um „Schutzvorschriften" i. S. d. § 80 I Nr. 1 BetrVG.

Der Betriebsrat hat mithin die gesetzliche Verpflichtung, die Einhaltung der datenschutzrechtlichen Bestimmungen zu überwachen, die auch dem Schutze der Beschäftigten dienen.

Dazu hat er gemäß § 80 II BetrVG einen Anspruch darauf, vom Arbeitgeber rechtzeitig und umfassend unterrichtet zu werden. Ferner hat der Betriebsrat gemäß § 80 II Satz 2 BetrVG das Recht, jederzeit die zur Durchführung seines Überwachungsrechtes erforderlichen Unterlagen zu verlangen. Falls erforderlich hat der Betriebsrat ferner gemäß § 80 II Satz 3 BetrVG einen Anspruch darauf, dass ihm vom Arbeitgeber ein sachkundiger Arbeitnehmer als Auskunftsperson zur Verfügung gestellt wird. Bei der Auswahl der entsprechenden Auskunftsperson sind dabei die Vorschläge des Betriebsrates zu berücksichtigen.

Ferner hat der Betriebsrat zur Durchführung seines Überwachungsrechtes – falls erforderlich – Anspruch auf die Hinzuziehung eines Sachverständigen auf Kosten des Arbeitgebers.

Da es zu den geregelten Aufgaben des betrieblichen Datenschutzbeauftragten gehört, auf die Einhaltung der datenschutzrechtlichen Vorschriften hinzuwirken, betrifft dies insbesondere auch die Vorschriften, die gänzlich oder zumindest auch zum Schutze der Beschäftigtendaten existieren.

Es sei dem Betriebsrat daher empfohlen, den betrieblichen Datenschutzbeauftragten schriftlich zu bitten, Auskunft über seine Tätigkeit zum Schutze der Beschäftigtendaten zu bitten.

Die Einzelheiten zum Amt des betrieblichen Datenschutzbeauftragten ergeben sich aus Art. 37 - 39 DSGVO und § 38 BDSG..

Danach kommen Fragen zu folgenden Gesichtspunkten in Betracht:

- Gemäß Art. 39 I b) DSGVO ist der betriebliche Datenschutzbeauftragte verpflichtet, die ordnungsgemäße Anwendung der Datenverarbeitungsprogramme zu überwachen. Zu diesem Zweck erstellt er sinnvollerweise ein Überwachungsprotokoll, aus dem sich Zeitpunkt, der Umfang und das Ergebnis seiner Überprüfung ergibt. Die erste Frage an den betrieblichen Datenschutzbeauftragter sollte daher lauten: *„Welche Datenverarbeitungsprogramme wurden mit welchem Ergebnis im letzten Berichtszeitraum vom betrieblichen Datenschutzbeauftragten überprüft?"*

- Gemäß Art. 38 I DSGVO ist der betriebliche Datenschutzbeauftragte zum Zwecke der Überwachung und der ordnungsgemäßen Anwendung von Datenverarbeitungsprogrammen "frühzeitig" in alle mit dem Schutz personenbezogener Daten zusammenhängenden Fragen einzubinden. Da einzelne datenschutzrechtliche Bestimmungen, wie z. B. die Grundsätze "Datasecurity bei Design" (Art. 25 I DSGVO) und "Datasecurity by Default" (Art. 25 II DSGVO), bereits bei der Auswahl und Gestaltung von Datenverarbeitungssystemen zu beachten sind, ergibt sich für den Arbeitgeber die Verpflichtung, den betrieblichen Datenschutzbeauftragten bereits in der Phase der Planung neuer Datenverarbeitungen mit einzubeziehen. Es empfehlen sich daher folgende Fragen an den betrieblichen Datenschutzbeauftragten zu formulieren: *„Wurde der betriebliche Datenschutzbeauftragte im letzten Berichtszeitraum über neue datenverarbeitende Vorhaben informiert? Wenn ja, um welche Vorhaben handelt es sich im Einzelnen?“*
- Der Verantwortliche ist gem. Art. 35 DSGVO verpflichtet, Verarbeitungen, die voraussichtlich ein hohes Risiko für die Rechte und Freiheiten der Betroffenen bedeuten, bereits vor Beginn der Datenverarbeitung auf ihre Rechtmäßigkeit hin zu überprüfen (sog. Datenschutz-Folgeabschätzung). Da der betriebliche Datenschutzbeauftragte verpflichtet ist, über die Einhaltung der Vorschriften zum Datenschutz zu wachen, kann folgende Frage an ihn formuliert werden: *„Waren im letzten Berichtszeitraum Datenschutz-Folgeabschätzungen nötig? Wenn ja, welche Verarbeitungen betrafen sie und zu welchem Ergebnis ist die Folgeabschätzung gelangt?“*
- Gemäß Art. 39 DSGVO ist der betriebliche Datenschutzbeauftragte verpflichtet, die bei der Verarbeitung personenbezogener Daten tätigen Personen über die Vorschriften zum Datenschutz zu unterrichten. Hierfür eignen sich insbesondere regelmäßige und intensive Schulungen. Es empfiehlt sich, an den betrieblichen Datenschutzbeauftragten daher folgende Fragen zu stellen: *„Welche Mitarbeiter wurden im letzten Berichtszeitraum wie*

lange, in welcher Form und mit welchen Inhalten geschult? Wie wurde eine Lern- und Verständniskontrolle durchgeführt? Wenn ja, wie war diese ausgestaltet? Welches Ergebnis ergab die Lern- und Verständniskontrolle? Gab es bei Verständnisschwierigkeiten Nachfolgeschulungen?"

- Gemäß Art. 30 DSGVO hat der Verantwortliche ein Verzeichnis über alle "Verarbeitungstätigkeiten" zu führen. In einem solchen Verzeichnis sind alle Verarbeitungstätigkeiten detailliert bzw. kategorisiert zu dokumentieren. Insbesondere sind die verarbeiteten personenbezogenen Daten zu benennen. Der Zweck der Datenverarbeitung ist konkret zu bezeichnen, die Empfänger, denen diese Daten mitgeteilt werden, sind zu nennen. Es sind die Löschungsfristen für die entsprechenden Datensätze abzubilden. Es ist eine Übermittlung der Daten in Drittstaaten anzuzeigen. Da der betriebliche Datenschutzbeauftragte über die Einhaltung der Regeln zum Datenschutz im Betrieb zu wachen hat, empfiehlt es sich daher, ihm folgende Fragen zu stellen: *„Existiert im Unternehmen ein Verzeichnis der Verarbeitungstätigkeiten gem Art. 30 DSGVO? Wenn ja, wie aktuell ist dieses?“* Existiert ein Verzeichnis von Verarbeitungstätigkeiten, so sollte der Betriebsrat um Vorlage bitten.

- Gemäß Art. 32 IV DSGVO hat der Verantwortliche sicherzustellen, dass die Menschen, die Zugang zu personenbezogenen Daten haben, diese nur im Rahmen der Weisungen des Verantwortlichen verarbeiten. Diese Verpflichtung kommt in erster Linie dem Unternehmen zu, wird aber betrieblich oft an den betrieblichen Datenschutzbeauftragten delegiert, der seinerseits diese Aufgabe gerne an die Personalabteilung weiter reicht. Inhaltlich wird diese Pflicht i. d. R. erfüllt, in dem der Arbeitgeber von seinen Beschäftigten eine Verpflichtung zur Verschwiegenheit verlangt.

  Die DSGVO macht leider keine Aussagen zum Inhalt einer solchen Verpflichtungserklärung und zur Häufigkeit der Verpflichtung. Da der Inhalt der Verpflichtungserklärungen aber manchmal von den entsprechend verpflichteten Mitarbeitern vergessen wird, empfiehlt es sich, Verpflichtungserklärungen mindestens einmal jährlich zu wiederholen. So ist es sinnvoll, die eigentliche Verpflichtung mit einer Schulung oder Einweisung zu verbinden. Ferner sollte überprüft werden, ob es sinnvoll ist, den Beschäftigten aus Bereichen, in denen besonders sensible Daten verarbeitet werden, umfangreicher zu verpflichten als Beschäftigte aus Bereichen, in denen weniger sensible Daten verarbeitet werden. Dazu gibt es ebenfalls keine einheitliche Empfehlung. So könnten daher folgende Fragen an den betrieblichen Datenschutzbeauftragten formuliert werden: *„Sind alle mit der Datenverarbeitung betrauten Personen auf das Datengeheimnis verpflichtet? Wie alt ist die älteste Verpflichtungserklärung? Was ist Inhalt der Verpflichtungserklärung? Wann werden die entsprechenden Datenschutzverpflichtungen wiederholt? Wurde die Datenschutzverpflichtung mit einer Einweisung bzw. Schulung verbunden?"*

- Gemäß Art. 15 bis 21 DSGVO hat jeder, der von der Datenverarbeitung betroffen ist, ein Recht auf Auskunft der über ihn gespeicherten Daten. Ferner bestehen u. U. Rechte auf Einschränkung der Verarbeitung, Berichtigung, Ergänzung, Datenübertragbarkeit Löschung und zum Widerspruch. Es empfehlen sich daher folgende Fragen an den betrieblichen Datenschutzbeauftragten: *„Gab es im letzten Berichtszeitraum Auskunftsersuchen von Beschäftigten? Gab es Ansprüche auf Berichtigung, Löschung und Einschränkung, Ergänzung und Datenübertragung bezogen auf Daten von Beschäftigten? Haben Beschäftige einer Datenverarbeitung widersprochen?"*

- Gemäß Art. 32 DSGVO ist der Arbeitgeber verpflichtet, bei der Verarbeitung von personenbezogenen und personenbeziehbaren Daten der Beschäftigten, die technischen und organisatorisch Maßnahmen zu treffen und die Anforderungen an die Datensicherheit zu erfüllen. Entsprechende Maßnahmen sind häufig in einem so genannten Datenschutzkonzept hinterlegt. Es empfehlen sich daher folgende Fragen an den betrieblichen Datenschutzbeauftragten zu stellen: *„Existieren ein oder mehrere Datenschutzkonzepte, die zumindest die Anforderungen des Art. 32 DSGVO erfüllen? Wurde im Rahmen eines Datenschutzkonzeptes eine Risiko- und Gefährdungsanalyse durchgeführt? Wenn ja, mit welchem Ergebnis? Wurden die im Unternehmen verarbeiteten personenbezogenen und personenbeziehbaren Daten der Beschäftigten in verschiedene Schutzklassen eingeordnet? Wenn ja, wie viele Schutzklassen wurden dabei zugrunde gelegt?"* Um die Vorlage des Datenschutzkonzeptes inklusive Gefährdungs- und Risikoanalyse nebst Klassenordnung sollte gebeten werden.

- Gemäß Art. 28 DSGVO bleibt der Arbeitgeber grundsätzlich selbst dann für die Einhaltung der normierten Vorschriften verantwortlich, wenn er die Datenverarbeitung nicht selbst durchführt sondern an eine dritte externe Stelle delegiert. Lagert der Arbeitgeber die Verarbeitung personenbezogener Daten an einen Dritten aus, kann es sich dabei um eine so genannte Auftragsverarbeitung handeln. Fehler im Rahmen der Auftragsverarbeitung können eine Ordnungswidrigkeit darstellen. Es empfiehlt sich daher an den betrieblichen Datenschutzbeauftragten folgende Fragen zu formulieren: *„Werden personenbezogene und / oder personenbeziehbare Daten der Beschäftigten im Auftrag gemäß Art. 28 DSGVO verarbeitet? Wenn ja, wie ist sichergestellt, dass die Vorschriften des Art. 28 DSGVO eingehalten werden und somit der Bußgeldtatbestand des Art. 83 IV a) DSGVO nicht verwirklicht wird?"*
- Findet eine Übermittlung von personenbezogenen Beschäftigtendaten in Länder statt, die weder Mitglieder der EU sind, noch dem EWR angehören, ist dies nur zulässig, wenn sich der Arbeitgeber von der Stelle, an die die Daten übermittelt werden, ausreichende Garantien hinsichtlich des Schutzes der Daten hat zusichern lassen. Dies kann durch den Abschluss eines sog. EU-Standardvertrages oder durch die Vereinbarung von, durch die Aufsichtsbehörde zuvor genehmigten, verbindlichen Unternehmensregelungen (sog. corporate binding rules) erfolgen. Es empfiehlt sich daher folgende Fragen an den betrieblichen Datenschutzbeauftragten zu stellen: *„Werden personenbezogene Beschäftigtendaten an ausländische Stellen übermittelt, die weder der EU noch dem EWR angehören? Wenn ja, wie ist sichergestellt, dass dennoch die rechtlichen Vorgaben zum Datenschutz eingehalten werden?“*

Sollte der betriebliche Datenschutzbeauftragte die Beantwortung dieser Fragen verweigern, sollte er noch einmal schriftlich und unter Fristsetzung und unter Verweis auf die Überwachungspflicht i. S. d. § 80 I Nr. BetrVG um die Beantwortung der ihm gestellten Fragen gebeten werden. Parallel empfiehlt es sich, ein Schreiben mit identischem Inhalt an die Geschäftsführung zu richten. Wird nach Ablauf der Frist nach wie vor das Bestehen eines Überwachungsrechtes bestritten, besteht ein Recht auf gerichtliche Geltendmachung des Anspruches im Beschlussverfahren gemäß §§ 2a, 80 ff ArbGG.

Ferner sollten bei groben Verstößen gegen das Überwachungsrecht die Rechte aus § 23 III BetrVG und bei beharrlicher Weigerung mit dem Betriebsrat zusammen zu arbeiten der Tatbestand des § 119 I Nr. 2 BetrVG nicht übersehen werden.

Fazit:

Es ist richtig, dass der Datenschutzbeauftragte in seiner Arbeit weisungsfrei ist. Das ändert jedoch nichts an der Tatsache, dass der Betriebsrat berechtigt und sogar nach dem BetrVG verpflichtet ist, die Einhaltung der gesetzlichen Bestimmungen zum Schutz der Beschäftigtendaten und hier insbesondere die Bestimmungen des BDSG auf ihre Einhaltung hin zu überprüfen. Im Rahmen dieser Überprüfung ist der Betriebsrat auf Auskünfte seitens des Unternehmens zwingend angewiesen. Da es zu gesetzlichen Aufgaben des Datenschutzbeauftragten gehört, ebenfalls die Einhaltung der datenschutzrechtlichen Bestimmungen im Unternehmen zu überprüfen, bietet es sich für den Betriebsrat daher an, seine Fragen zum betrieblichen Datenschutz zunächst an den Datenschutzbeauftragten des Unternehmens zu richten. Eine solche Anfrage ist jedoch keine Weisung sondern dient lediglich dazu, die Einhaltung der gesetzlichen Bestimmungen zu überprüfen. Dies kann und darf dem Betriebsrat nicht verwehrt werden.

7. Die Zuverlässigkeit des betrieblichen Datenschutzbeauftragten

Einleitung:

In der betrieblichen Praxis kommt es häufig vor, dass der Betriebsrat Zweifel an der richtigen Auswahl der Person des zukünftigen Datenschutzbeauftragten hegt. Wie diese Zweifel aus Sicht des Betriebsrates sinnvoll vorzubringen sind, soll der nachfolgende Fall zeigen.

Sachverhalt (in Anlehnung an BAG Beschluss vom 22.03.94, Az.: 1 ABR 51/93[7]):

Der Mitarbeiter E der Z-AG ist bisher als sogenannte EDV-Fachkraft in Vollzeit beschäftigt. Als EDV-Fachkraft nimmt er bedeutsame Aufgabe der EDV wahr. Dazu gehört z. B. die Sicherstellung und der Ablauf der Programme, die Entwicklung neuer verwaltungstechnischer Programme und die beratende Unterstützung und Schulung von Mitarbeitern. Da in der Z-AG die Stelle des betrieblichen Datenschutzbeauftragten neu zu besetzen ist, schreibt die Z-AG die zu besetzende Stelle des betrieblichen Datenschutzbeauftragten innerbetrieblich aus. Einziger Bewerber ist Mitarbeiter E. Nach Angaben der Z-AG sollen beide Funktionen jeweils die Hälfte der Arbeitszeit beanspruchen.

Der Betriebsrat der Z-AG hält den E für das Amt des betrieblichen Datenschutzbeauftragten nicht geeignet. Der Betriebsrat ist der Ansicht, dass der E dann wesentliche Teile seiner Arbeit als EDV-Fachkraft selbst überwachen müsste. Das führe dazu, dass die Person, deren Arbeitsweise auf die Einhaltung gesetzlicher Vorschriften des Datenschutzes hin überwacht werden soll, selbst zum Kontrolleur der eigenen Arbeit würde. Der Betriebsrat sieht darin einen Interessenkonflikt. Dies teilt er dem Arbeitgeber auch mit. Der Arbeitgeber teilt diese Auffassung nicht. Er führt an, dass der E auch bisher schon Aufgaben im Bereich der Datenverarbeitung wahrgenommen habe. Soweit ändere sich sein Tätigkeitsbereich nicht. Die Änderungen zur bisherigen Tätigkeit beträfen im Wesentlichen nur die zeitlichen Anteile der Tätigkeit. Im

---

[7] Obwohl diese Entscheidung aus der Zeit vor Inkrafttreten der DSGVO stammt, hat sie nichts an ihrer Bedeutung verloren. Zudem ist nun in Art. 38 VI DSGVO geregelt, dass die Tätigkeit de Datenschutzbeauftragten nicht zum Interessenkonflikten mit anderen Tätigkeiten führen darf.

Übrigen bezögen sich die Aufgaben der EDV-Fachkraft nur auf einen Teil der im Betrieb befindlichen Anlagen. Insgesamt sei die EDV-Fachkraft daher nur für einen geringen Teil der im Betrieb verwandten Systeme zuständig. Der E sei damit gerade nicht „Herr der Datenverarbeitung".

Konflikt:

Betriebsrat:	**Arbeitgeber:**
„Wenn hier die EDV-Fachkraft zum betrieblichen Datenschutzbeauftragten bestellt wird, wird der ‚Bock zum Gärtner' gemacht."	*„Der E ist als EDV-Fachkraft für die Tätigkeit als betrieblicher Datenschutzbeauftragter hervorragend geeignet, weil er die nötigen EDV-technischen Kenntnisse besitzt. Es besteht auch kein Interessenkonflikt. Als betrieblicher Datenschutzbeauftragter wird der E für alle betrieblichen Systeme zuständig sein. Als EDV-Fachkraft betreut er lediglich einen kleinen Teil der EDV-Systeme im Betrieb."*

Konfliktlösung:

Unternehmen in der Privatwirtschaft, in denen in der Regel mindestens 10 Personen ständig mit der automatisierten Verarbeitung personenbezogener Daten beschäftigt sind, haben einen Beauftragten für den Datenschutz zu benennen (Art. 38 I BDSG).[8]

Bei der Ermittlung der Frage, ob die nötige Personenzahlgrenze erreicht ist, ist nicht ausschließlich nur auf die Personaldatenverarbeitung zu blicken. Vielmehr sind alle Bereiche zu berücksichtigen, in denen personenbezogene Daten verarbeitet werden.

Hierzu gehören insbesondere auch Bereiche des Verkaufs und des Marketings. Der Verkäufer im Außendienst, der Kunden persönlich besucht, ist dabei mitzuzählen, wenn er bei seiner täglichen Arbeit per-

8 Ob diese Vorschrift europarechtskonform ist, wird noch geklärt werden. Weiteren Gründe für die Benennung eines Datenschutzbeauftragten ergeben sich aus dem weiteren Wortlaut dieser Vorschrit sowie aus Art. 37 DSGVO.

sonenbezogene Daten verarbeitet. Zu beachten ist dabei allerdings, dass es hier nur auf die Daten von natürlichen Personen ankommt. Die Daten, die sich ausschließlich auf juristische Personen beziehen, sind dagegen hier nicht zu berücksichtigen.

Üblicherweise werden aber von den Mitarbeitern des Verkaufs auch Daten der persönlichen Ansprechpartner im Kundenunternehmen verarbeitet, so z. B. der Name des Ansprechpartners, die E-Mailadresse, seine Telefonnummer und möglicherweise weitere Daten. Hierbei handelt es sich um personenbezogene Daten eines Menschen. Damit ist auch diese Datenverarbeitung zu berücksichtigen. Gleiches gilt für das Marketing. Werden hier Daten von Personen erfasst, die z. B. noch nicht zum aktuellen Kundenkreis des Unternehmens gehören, sehr wohl aber Werbemittel beziehen oder auf andere Weise akquiriert werden sollen, so werden auch hier personenbezogene Daten im Sinne des § 38 I BDSG verarbeitet.

Diese Umstände haben zur Folge, dass auch Mitarbeiter der Marketingabteilung, die regelmäßig mit Kundendaten in Kontakt kommen, bei der Frage, ob die für die Benennung des betrieblichen Datenschutzbeauftragten notwendige Mitarbeiterzahl erreicht ist, zu berücksichtigen sind.

Die Art der Mitarbeiter spielt dabei grundsätzlich keine Rolle. So sind Vollzeit- und Teilzeitbeschäftigte gleichermaßen mit einzubeziehen.

Auch kommt es auf den Anteil der für die Datenverarbeitung aufgewendeten Arbeitszeit nicht an.

Ferner wird nicht zwischen eigenen Beschäftigten und Leiharbeitnehmern unterschieden.

Auch Auszubildende, Volontäre und Praktikanten sind zu berücksichtigen.

Als betrieblicher Datenschutzbeauftragter kann ferner auch eine Person außerhalb des Unternehmens bestellt werden.

Die Bestellung[9] des betrieblichen Datenschutzbeauftragten hatte nach den Regelungen des bis zum 24.05.2018 in Deutschland geltenden BDSG innerhalb eines Monats nach Vorliegen der für die Bestellung notwendigen betrieblichen Voraussetzungen zu erfolgen. Dabei hatte

[9] Im bis zum 24.05.2018 geltenden BDSG war nicht von einer "Benennung" sondern von einer "Bestellung" des betrieblichen Datenschutzbeauftragten die Rede.

die Bestellung schriftlich zu erfolgen. Es ist da von auszugehen, dass zumindest die deutschen Aufsichtsbehörden auch zukünftig diese Praxis beibehalten werden.

Die Benennung des betrieblichen Datenschutzbeauftragten wird üblicherweise in einer gesonderten Urkunde erfolgen. Die Benennung wird sinnvollerweise eine Aufgabenbeschreibung sowie die Festlegung der Beschäftigungsdauer und Angaben zur organisatorischen Stellung des Datenschutzbeauftragten enthalten. Ferner wird man die Verpflichtungen des Verantwortlichen angeben, die nötig sind, damit der Beauftragte für den Datenschutz seine Aufgaben erfüllen kann.

Die Benennung des Datenschutzbeauftragten kann befristet oder unbefristet auf unbestimmte Zeit erfolgen. Gemäß Art 38 III Satz 2 DSGVO darf der betriebliche Datenschutzbeauftragte wegen der Erfüllung seiner Aufgaben nicht abberufen oder benachteiligt werden. Es versteht sich von selbst, dass dies allerdings nicht bei Vorliegen außerordentlicher Kündigungsgründe gilt.

Die Auswahl der Person, die zum betrieblichen Datenschutzbeauftragten bestellt werden soll, ist zunächst einzig und allein Sache des Arbeitgebers. Der Arbeitgeber hat daher auch das Recht zu entscheiden, ob der Datenschutzbeauftragte hauptamtlich oder nebenamtlich bestellt wird und ob eine interne Person oder ein Externer mit diesem Amt betraut wird.

Grundsätzlich besteht hinsichtlich der Auswahl und der Benennung der Person des Datenschutzbeauftragten auch kein Mitbestimmungsrecht des Betriebsrates.

Im vorliegenden Fall können allerdings die Rechte der §§ 99 ff. BetrVG einschlägig sein, so stellt die Benennung des E zum betrieblichen Datenschutzbeauftragten eine Zuweisung eines anderen Arbeitsbereiches dar. So gehört es zu den Kernaufgaben des betrieblichen Datenschutzbeauftragten, auf die Einhaltung der Gesetze zum Schutze des Datenschutzes hinzuwirken. Dabei hat der betriebliche Datenschutzbeauftragte nicht nur den Datenschutz hinsichtlich der Personaldatenverarbeitung, sondern insbesondere auch den der darüber hinausgehenden Verarbeitung personenbezogener Daten, insbesondere im Marketing und Verkauf zu kontrollieren. Dies ist jedoch ein grundsätzlich anderer Tätigkeitsbereich als der Bereich einer EDV-Fachkraft. Der Tätigkeit einer EDV-Fachkraft kommt im

Datenschutz nur insoweit eine Bedeutung zu, als dass sie verpflichtet ist, die ihr im Rahmen ihrer Arbeit bekannt werdenden Daten den gesetzlichen und vertraglichen Bestimmungen entsprechend vertraulich zu behandeln. Die Aufgabe der EDV-Fachkraft ist es jedoch nicht, die Datenverarbeitung auch außerhalb der von ihr zu betreuenden EDV schwerpunktmäßig auf ihre Einhaltung zu kontrollieren. Insofern ist hier eine Versetzung im Sinne des § 99 BetrVG anzunehmen. Danach ist die Benennung des E zum betrieblichen Datenschutzbeauftragten dem Betriebsrat mitzuteilen und diesem Gelegenheit zu geben, der Versetzung zuzustimmen.

Der Betriebsrat hat gemäß § 99 II jedoch das Recht, die Zustimmung zu verweigern, wenn die Versetzung gegen ein Gesetz verstoßen würde. Dies ist hier fraglich. Der Betriebsrat hat Zweifel an der Eignung der Person des E, da er einen Interessenkonflikt zwischen der vom E zukünftig auszuübenden Ämtervielfalt sieht. Es ist fraglich, ob darin ein Gesetzesverstoß zu sehen ist.

Das BDSG macht zur Person des Datenschutzbeauftragten nur wenige Angaben. Art. 37 V DSGVO: *„Der Datenschutzbeauftragte wird auf Grundlage seiner beruflichen Qualifikation und insbesondere des Fachwissens benannt (...)."*

Der betriebliche Datenschutzbeauftragte muss für sein Amt nicht gänzlich von sonstigen Aufgaben freigestellt werden. Zu beachten ist aber, dass es zwischen seiner Tätigkeit als Datenschutzbeauftragter uns seinen sonstigen Tätigkeiten nicht zu einem "Interessenskonflikt" kommen darf (Art. 38 VI Satz 2 DSGVO). Hierzu gehört, dass eine klare Trennung zwischen der verantwortlichen Stelle und dem Datenschutzbeauftragten gegeben ist. So ist ein Interessenskonflikt immer zwingend dann zu bejahen, wenn die Unternehmensinhaber bzw. Vorstände oder Geschäftsführer mit diesem Amt betraut werden sollen.

Leitenden Angestellten kann dagegen ihre Geeignetheit für das Amt nicht per se abgesprochen werden. Hier kommt es ebenfalls auf die konkreten Umstände des Einzelfalls an. Eine Unvereinbarkeit soll allerdings nach herrschender Meinung in der Literatur zum bis zum 24.05.2018 geltenden BDSG immer dann zu bejahen sein, wenn es um Tätigkeiten geht, die mit der Verarbeitung personenbezogener Daten zusammenhängen oder sich auf sie auswirken. Als unvereinbar soll daher das Amt des Leiters der EDV-Abteilung gelten. Auch die Leitung der Marketingabteilung, der Personalleiter, der Leiter der Rechtsabteilung sollte nach bisheriger Ansicht nicht frei von Interessenkonflikten sein.

Fraglich ist, wie der vorliegende Fall zu beurteilen ist, da es sich bei dem E nicht um den Leiter der EDV-Abteilung handelt. Ferner ist zu berücksichtigen, dass hier die Versetzung des E nicht als solche zu einem Gesetzesverstoß führt, sondern lediglich „die damit verbundenen besonderen Umstände".

Bewirken jedoch nur die Folgen einer geplanten personellen Maßnahme denkbare Kollisionen mit gesetzlichen Vorschriften, so führt dies nach einer teilweise vertretenen Ansicht nicht zu einem Zustimmungsverweigerungsrecht des Betriebsrates im Sinne des § 99 II Nr. 1 BetrVG. Es ist daher fraglich, ob dieser Rechtsansicht zu folgen ist, da es sich bei dem Verbot der Interessenskollision um ein in Art. 38 VI DSGVO geregeltes Verbot und somit um eine Verordnung im Sinne des § 99 II Nr. 1 BetrVG handelt.

Das BAG hat in seinem Beschluss vom 22.03.1994 zu dieser Frage ausführlich Stellung genommen. Es bezieht sich dabei noch auf den damals geltenden § 36 II BDSG, der die Frage der Zuverlässigkeit, , zum Gegenstand hat:

„(...) 1. Eine nach § 99 BetrVG zustimmungspflichtige personelle Maßnahme verstößt nicht nur dann gegen ein Gesetz, wenn die vorgesehene Beschäftigung des Arbeitnehmers ausdrücklich verboten ist. Als ausreichend, aber auch erforderlich, muss angesehen werden, daß es sich um eine gesetzliche Vorschrift handelt, die dem Schutz der Arbeitnehmer dient und sich ihrem erkennbaren Sinn und Zweck nach gerade gegen die vorgesehene Beschäftigung richtet. (...) Als gesetzliche Vorschriften in diesem Sinne kommen auch Normen in Betracht, die die Beschäftigung nicht generell untersagen, sondern nur an die Person des Arbeitnehmers bestimmte Voraussetzungen stellen. (...) Der Arbeitgeber, der die Zustimmung des Betriebsrats zu einer Einstellung oder Versetzung im Sinne des § 99 BetrVG einholt, verlangt damit die Zustimmung zur tatsächlichen Durchführung der Maßnahme. Diese tatsächliche Durchführung regelt aber § 36 Abs. 2 BDSG, indem er die für die Bestellung des Datenschutzbeauftragten maßgebenden Anforderungen normiert. Nur entsprechend qualifizierte Personen sollen als Datenschutzbeauftragte tätig werden. Deshalb ist § 36 Abs. 2 BDSG auch maßgebend für die tatsächliche Beschäftigung

des Arbeitnehmers. Verfügt dieser nicht über die erforderliche Qualifikation, darf er nicht als Datenschutzbeauftragter eingesetzt werden. Seine Einstellung im Sinne der tatsächlichen Aufnahme in den Betrieb bzw. seine Versetzung im Sinne der tatsächlichen Zuweisung eines Arbeitsbereichs mit dem Ziel der Beschäftigung als Datenschutzbeauftragter verstoßen gegen das Gesetz. Dies gilt nicht nur, wenn der Datenschutzbeauftragte ausschließlich als solcher beschäftigt werden soll, sondern auch dann, wenn diese Tätigkeit nur einen Teil seiner Gesamttätigkeit ausmacht.“

Diese Rechtsansicht ändert sich auch nicht durch die Tatsache, dass an eine isolierte Übertragung der entsprechenden Ämter auf die Person des E keine Bedenken durch den Betriebsrat bestünden. So ist aus der Sicht des Betriebsrates der E sowohl als EDV-Fachkraft wie auch als Datenschutzbeauftragter grundsätzlich geeignet. Der Betriebsrat sieht dagegen lediglich einen Interessenkonflikt in der Kombination beider Tätigkeiten bei der Ausübung durch ein und dieselbe Person.

Hierzu führt das BAG in der o. g. Entscheidung wie folgt aus:
„Ginge es also nur um die Teiltätigkeit, müßte die Zustimmung des Betriebsrats ersetzt werden. Die Problematik des Falles ergibt sich jedoch daraus, daß erst die Kombination zweier Tätigkeiten die Frage ihrer Vereinbarkeit und damit ihrer Gesetzmäßigkeit aufwirft. Diese Frage läßt sich nicht beantworten, wenn man die geplante Teiländerung isoliert würdigt. Vielmehr muß der neue Arbeitsbereich als Einheit gesehen werden. Der Arbeitgeber möchte den Arbeitnehmer künftig als EDV-Fachkraft und zugleich als Datenschutzbeauftragten einsetzen. (...) Dementsprechend erfaßt die beantragte Zustimmung auch die Frage, ob die Aufgaben als Datenschutzbeauftragter neben den Aufgaben als EDV-Fachkraft fortgeführt werden dürfen. Das Gesamtbild der Tätigkeit wird ein anderes. Neuer Arbeitsbereich im Sinne des § 95 Abs. 3 BetrVG ist jetzt der Arbeitsplatz ‚EDV-Fachkraft und Datenschutzbeauftragter‘. Diese Gesamttätigkeit kann gegen ein Gesetz verstoßen, weil gerade die Kombination beider Teiltätigkeiten vom Gesetz nicht geduldet wird. Das Recht, eine solche Unvereinbarkeit geltend zu machen, wird nicht dadurch berührt, daß der Arbeitgeber nur Teiltätigkeiten ändert. Andernfalls könnte der Arbeitgeber der Kontrolle des Betriebsrats ohne weiteres ausweichen, indem er dem Arbeitnehmer neben der Funktion des Datenschutzbeauftragten zunächst eine kompatible Teiltätigkeit

übertrüge und diese später – nachdem der Betriebsrat der Einstellung/ Versetzung zugestimmt hat – gegen eine nichtkompatible Teiltätigkeit auswechselte.“

Fraglich ist danach aber immer noch, wie weit dieser Umstand erheblich ist, dass der E bisher nicht als Leiter der EDV-Abteilung sondern lediglich nur als EDV-Fachkraft beschäftigt ist.

Diesen Umstand hält das BAG in seiner Entscheidung allerdings nicht für wesentlich. Es vertritt die Ansicht, dass der E auch bisher bedeutsame Aufgaben der EDV, wie z. B. die Sicherstellung des Ablaufs der Programme, die Entwicklung neuer verwaltungstechnischer Programme sowie die beratende Unterstützung und Schulung von Mitarbeitern wahrgenommen habe. Demnach erscheine ein Interessenkonflikt nicht von vornherein und in jedem Fall ausgeschlossen, so dass dem Betriebsrat auch in dieser Konstellation ein Recht zur Verweigerung seiner Zustimmung zustehe.

Dieser BAG-Rechtsprechung ist auch heute noch zuzustimmen. Es ist zwar richtig, dass die DSGVO den Begriff der „Zuverlässigkeit" nicht verwendet. Zur Person des Datenschutzbeauftragten darf aber gem. 38 VI Satz 2 DSGVO nur benannt werden, wer sich nicht in einem Interessenkonflikt befindet. Daher ist davon auszugehen, dass das BAG auch mit Blick auf die aktuelle Fassung der DSGVO an seiner Rechtsprechung festhalten würde. Dem Betriebsrat ist daher zu raten, seine Zustimmung zur geplanten Versetzung des E wegen eines Verstoßes gegen das BDSG, besonders gegen die DSGVO, insbesondere gegen Art. 38 VI Satz 2 DSGVO,, zu verweigern.

Merksatz:

Bei der Benennung der Person des betrieblichen Datenschutzbeauftragten können je nach Einzelfall die Rechte des Betriebsrates nach § 99 BetrVG betroffen sein. Handelt es sich bei der Person, die zum betrieblichen Datenschutzbeauftragten berufen werden soll, dagegen um einen leitenden Angestellten, so scheiden die Rechte des Betriebsrates nach § 99 BetrVG aus. Der Betriebsrat hat dann nur noch die Möglichkeit, nach § 80 I Nr. 1 BetrVG die Einhaltung der gesetzlichen Bestimmungen, hier insbesondere die Bestimmungen des BDSG zur Benennung des Datenschutzbeauftragten, zu überwachen.

8. Das Erkennen von Überwachungsfunktionen

Einleitung:

Zu Beginn der Ausübung des Mitbestimmungsrechtes gem. § 87 I Nr. 6 BetrVG steht die Frage, wie weit die in Betrieb zu nehmende technische Einrichtung entsprechende Überwachungsmöglichkeiten bietet. Dies ist häufig deshalb zumindest zum Zeitpunkt der Inbetriebnahme noch unklar, als dass der Arbeitgeber häufig die Anlage nicht schwerpunktmäßig zum Zwecke der Überwachung seiner Mitarbeiter angeschafft hat. Vielmehr ist bei diesen Anlagen die Überwachungsmöglichkeit häufig ein Nebenzweck. Der Hauptgrund für die Anschaffung erscheint dagegen mindestens unter Überwachungsgesichtspunkten meistens harmlos. Nachfragen des Betriebsrates an den Arbeitgeber hinsichtlich der Überwachungsmöglichkeiten des neuen Systems verlaufen daher schon deshalb in der Regel im Nichts, da dem Arbeitgeber zu diesem Zeitpunkt häufig noch nicht alle Funktionen bekannt sind. Es ist insbesondere beim Einsatz moderner Software durchaus üblich, dass zunächst nur ein kleiner Prozentsatz der tatsächlich im Programm schlummernden Möglichkeiten vom Arbeitgeber auch genutzt werden. Zusätzliche technische Möglichkeiten stellen sich dann meist erst im späteren Betrieb heraus.

Welche Möglichkeiten der Betriebsrat bei dieser dünnen Informationslage dennoch hat, um die technischen Möglichkeiten eines neuen Systems zu erkennen, soll der nachfolgende Fall aufzeigen.

Sachverhalt:

Die X-GmbH eröffnet einen neuen Betriebsstandort. Im Rahmen dieses Betriebsstandortes sollen die Büros mit einer neuen Telefonanlage ausgestattet werden. Bisher wurde der zuständige Betriebsrat über dieses Vorhaben nicht informiert. Durch Zufall erfährt der Betriebsrat aber von seinen Mitarbeitern, dass Techniker am neuen Betriebsstandort zur Zeit damit beschäftigt sind, die neue Telefonanlage zu konfigurieren und die Tischgeräte aufzustellen und zu verkabeln. Der für den neuen Standort zuständige Betriebsrat befürchtet, dass mit der neuen Telefonanlage zahlreiche Überwachungsmöglichkeiten der Mitarbeiter bestehen. Dies wird vom Arbeitgeber auf Nachfragen abgelehnt. Der Arbeitgeber führt an, dass ihm keinerlei Überwachungstechniken der angeschafften Telefonanlage bekannt seien. Er habe bei der Anschaffung des Systems auf diese Frage auch keinen Wert gelegt, da er kein Interesse an einer Überwachung seiner Mitarbeiter mit Hilfe der neuen Telefonanlage habe.

Konflikt:

Betriebsrat:	Arbeitgeber:
„Im Rahmen unseres Informationsrechtes und unserer Überwachungspflicht haben wir ein Recht zu erfahren, welche technischen Möglichkeiten das anzuschaffende System im Einzelnen bietet."	*„Wir haben das neue System weder entwickelt noch programmiert. Wir haben uns unter verschiedenen Angeboten das System ausgewählt, das unseren Anforderungen am nächsten kam. Auf eine Überwachungsmöglichkeit unserer Mitarbeiter haben wir bei der Auswahl des entsprechenden Systems keinen Wert gelegt, weil dies für uns nicht erheblich ist. Ob die entsprechende Anlage daher Überwachungsmöglichkeiten bietet, war von uns daher nie von Interesse. Wir können diesbezüglich auch keine Aussagen dazu machen."*

Konfliktlösung:

Ein Anspruch auf Information hinsichtlich aller in Betracht kommenden mitbestimmungsrechtlich relevanten Funktionen des in zu Betrieb nehmenden Systems ergibt sich schon aus § 90 I und II BetrVG. Danach hat der Arbeitgeber den Betriebsrat über die Planung von technischen Anlagen so umfangreich zu informieren, dass dieser die Gelegenheit bekommt, seine Bedenken, Anregungen und Vorschläge vorzubringen.

Aber auch das Überwachungsrecht nach § 80 I Nr. 1 BetrVG in Bezug auf die Einhaltung gesetzlicher Vorschriften zum Schutz der Beschäftigtendaten ist nur wirksam auszuüben, wenn der Betriebsrat Kenntnis von allen Überwachungsmöglichkeiten, die das System mit sich bringt, hat.

Ferner ist für eine Mitbestimmungspflicht nach § 87 I Nr. 1 BetrVG die mögliche objektive Eignung der Systems zur Überwachung des Verhaltens und der Leistung der Mitarbeiter ausreichend.

Die Frage, ob tatsächlich die Überwachungsfunktionen des Systems durch den Arbeitgeber auch genutzt werden, ist daher für die Mitbestimmungspflichtigkeit unerheblich. Da hier vorliegend der Arbeitgeber vorgibt, dass ihm keinerlei Überwachungsfunktionen des anzuschaffenden Telekommunikationssystems bekannt sind, besteht die Möglichkeit, dass der Betriebsrat eine eigene Initiative ergreift, um sich über die technischen Überwachungsmöglichkeiten einer moderner Telekommunikationsanlage selbst zu informieren. Hierzu besteht zunächst einmal die Möglichkeit, Einblick in die entsprechenden Handbücher und Betriebsanleitungen des eingesetzten Systems zu nehmen. Entsprechende Unterlagen halten viele Firmen mittlerweile zur freien Verfügung und zum kostenlosen Download auf ihren Internetseiten bereit.

Im Folgenden empfiehlt es sich dann, die entsprechenden Produktunterlagen auf verschiedene Überwachungsmöglichkeiten hin zu untersuchen. Moderne Telefonanlagen bieten regelmäßig die Möglichkeit, im Wesentlichen zwei verschiedene Datenkategorien zu verarbeiten: zum einen Daten zum Gespräch selber, insbesondere zum Gesprächsinhalt und zum anderen Daten, die Aufschluss über die näheren Umstände des Gespräches geben, insbesondere z. B. Daten über die Wartezeit des Anrufers bis zu einer erfolgreichen Vermittlung, die Zahl der angenommenen Gespräche eines Mitarbeiters innerhalb einer bestimmten Zeiteinheit, die durchschnittliche Gesprächsdauer aller innerhalb einer Zeiteinheit geführten Telefonate etc.

Im Einzelnen stellen sich die typischen Überwachungsmöglichkeiten einer modernen Bürokommunikationsanlage dabei in der Regel wie folgt dar:

1.) Typische Funktionen einer modernen Bürokommunikationsanlage (Auswahl)

a) Anmeldung:
Viele Anlagen setzen für eine Benutzung eine Anmeldung voraus. Dazu bekommt der telefonierende Mitarbeiter eine Identifikationsnummer, eine so genannte ID zugeteilt. Anhand dieser ID ist sein Verhalten an der Anlage personenbezogen zuordbar.

b) Make Busy Feature:
Mit dieser Funktion kann sich der Telefonierende aus der aktiven Call-Zuordnung herausnehmen lassen, um Arbeiten außerhalb des

Telefonierens (Nachbearbeitungen, Büroarbeiten etc.) ungestört zu verrichten.

c) Silent Monitoring:
Damit wird eine Funktion bezeichnet, mit der Gespräche, die einzelne Mitarbeiter führen, mitgehört werden können. Der Begriff *„Silent"* verdeutlicht in diesem Zusammenhang den Umstand, dass das Gespräch mitgehört wird, dies aber dem telefonierenden Mitarbeiter während des Mithörens nicht ersichtlich ist.

d) System Reporting Capabilities
Mit diesen Funktionen können so genannte Reports – also Berichte – erstellt werden, mit denen die Verhaltensweisen und Leistungen der einzelnen Mitarbeiter transparent dargestellt werden können. Dabei sind auch Vergleiche des entsprechenden Verhaltens und der entsprechenden Leistung zwischen verschiedenen Mitarbeitern und zwischen verschiedenen Mitarbeitergruppen möglich. Üblich sind hier z. B. Balken- oder Kurvendiagramme. Auch farbliche Hinterlegungen sind häufig möglich.

Hinsichtlich der verschiedenen Verhaltensweisen des Anlagennutzers gibt es eine Vielzahl von Statusmeldungen. Dazu gehören regelmäßig:

- der Beginn der Arbeitszeit an der Anlage,
- das Ende der Arbeitszeit an der Anlage,
- der Beginn der Aufnahme eines eigenen Gespräches durch den Mitarbeiter,
- das Halten eines Anrufes,
- das Zurückkehren zum gehaltenen Anruf,
- die Weitervermittlung eines Anrufes an eine andere Nebenstelle, z. B. zwecks Klärung von Fragen,
- Zeitpunkt der An- und Abmeldung von der Anlage,
- das Setzen des „Nicht Stören-Status",
- das Zurückkehren aus dem „Nicht Stören-Status",
- das Setzen des „vor- oder nacharbeiten-Statuts",
- die Erfassung der Zeit, wenn der Mitarbeiter sich von der Anrufverteilung herausnehmen lässt.

e) Mithören:
Moderne Anlagen bieten in der Regel die Möglichkeit, ein Gespräch über eine Sprechgarnitur oder einen Lautsprecher mitzuhören.

f) Anrufaufzeichnung:

Zudem besteht häufig auch die Möglichkeit, Gespräche aufzunehmen. Eine Anrufaufzeichnung kann dabei oftmals so eingestellt werden, dass Aufzeichnungen automatisch mit Abnehmen des Telefons beginnen und automatisch mit dem Auflegen des Telefons beendet werden.

g) Anruf markieren:
Mit dieser Funktion können zur späteren Analyse eines bestimmten Anrufes bestimmte Gespräche gekennzeichnet werden.

h) Kostenüberwachung und Kostenkontrolle:
Zu diesen Zwecken dient die Erstellung eines nebenstellenbezogenen Einzelverbindungsnachweises.

i) Liste der gewählten Rufnummern:
Mit Hilfe der dieser Funktion lassen sich die von diesem Apparat aus gewählten Rufnummern anzeigen.

j) Anruferliste:
Ist an der anrufenden Anlage die Rufnummernübermittlung aktiviert, lassen sich mit Hilfe dieser Funktion die Rufnummern der an dieser Nebenstelle zuletzt angerufenen Teilnehmer anzeigen.

k) Skills based Routing:
Mit dieser Funktion der auf „Fähigkeiten basierenden Anrufvermittlung" besteht die Möglichkeit, eingehende Anrufe nur an solche Nebenstellen zu vermitteln, die von Mitarbeitern besetzt sind, die über für den Anrufenden sinnvolle Fähigkeiten verfügen. Erforderlich ist hierfür, dass der Anrufer beim Anruf von der Anlage identifiziert werden kann. Ist dies sichergestellt, ist es z. B. möglich, den Anruf eines ausschließlich englisch sprechenden Kunden direkt an die Mitarbeiter zu vermitteln, die englisch sprechen und mit dem Projekt des Kunden vertraut sind.

2.) Die Überwachungsmöglichkeiten einer modernen Bürokommunikationsanlage (Auswahl)

Mit den o.g. Auswertungsmöglichkeiten lässt sich die zumindest zeitliche Effizienz des Mitarbeiterverhaltens messen und bewerten. So lassen sich z. B. die in einer bestimmten Zeiteinheit vorgenommen Gespräche zählen. Ferner ist die Schnelligkeit, mit der die Gespräche geführt werden, messbar. Es ist messbar, wie viel Zeit der Mitarbeiter für Tätigkeiten außerhalb des Telefonierens verbringt.

Es ist auch messbar, wie oft ein Mitarbeiter Gespräche weitervermitteln muss, z. B. weil er selber dem Anrufer nicht helfen konnte.

Anhand dieser Auswertungsmöglichkeiten lassen sich einige statistische Aussagen treffen. So lassen sich z. B. folgende Fragen beantworten:

- Wer von meinen Mitarbeitern hat in einer Zeiteinheit die meisten Anrufe abgewickelt?
- Welcher Mitarbeiter hat in einer Zeiteinheit die wenigsten Anrufe abgewickelt?
- Wer führt im Durchschnitt die schnellsten Gespräche?
- Wer führt im Durchschnitt die längsten Gespräche?
- Wer vermittelt in einer Zeiteinheit am meisten Gespräche an andere weiter?
- Wer verbringt in einer Zeiteinheit im Durchschnitt am meisten Zeit für die Vor- und Nachbereitung?
- Wie sieht das Verhältnis zwischen selbst veranlassten und angenommenen Telefonaten aus?

Da die Mitarbeiter sich zuvor an der Anlage angemeldet haben, sind diese Auswertungen personenbeziehbar möglich.

Ob und wann diese Daten unwiederbringlich gelöscht werden, ist dabei eine Frage der individuellen Konfiguration der Anlage.

Beim Mithören von Gesprächen ist zu beachten, dass dies für einen externen Gesprächspartner, der z. B. ein Kollege aus einem anderen Standort sein kann, in der Regel nicht ersichtlich ist.

Ferner ist bei der Anrufaufzeichnung nicht ersichtlich, inwieweit die Aufnahmen automatisch nach einer bestimmten Zeit unwiederbringlich gelöscht werden.

Da Voice over IP (VOIP)-Anlagen zusätzlich über eine sog. Voice-Mail-Funktion verfügen, ist es auch möglich, die Aufnahmen per Mail zu versenden.

Auch im Rahmen eines Einzelverbindungsnachweises werden die gewählten Rufnummern grundsätzlich vollständig erfasst. Anhand der Daten eines Einzelverbindungsnachweises lässt sich daher unschwer rekonstruieren, von welcher Nebenstelle mit welcher Zielrufnummer zu welchem Zeitpunkt und mit welcher Dauer kommuniziert wurde. Des Weiteren lässt sich ein einzelner Telekommunikationsvorgang in Beziehung zu anderen Telekommunikationsvorgängen setzen. So ist leicht ersichtlich, mit welcher Zielrufnummer vor und nach einem bestimmten Telefonat kommuniziert wurde. Darüber hinaus erfasst eine Telekommunikationsanlage auch Daten zu den erfolglosen Verbindungsversuchen. So ist ersichtlich, wann von welcher Nebenstelle versucht wurde, bestimmte Zielrufnummern zu erreichen.

Da Einzelverbindungsnachweise grundsätzlich für alle Nebenstellen erstellt werden, lassen sich so auch die Telefonate von Nebenstellen, die überwiegend von Personen mit einer besonderen Vertrauensstellung (z. B. Betriebsarzt, Betriebsrat etc.) genutzt werden, näher auswerten und analysieren.

Darüber hinaus besteht auch häufig die Möglichkeit, das Anrufverhalten der Nutzer der einzelnen Nebenstellen über Filterfunktionen zu analysieren. So können z. B. alle in einer bestimmten Zeiteinheit gewählten Rufnummern nach ihrem Vorwahlbereich gefiltert werden, um zu ermitteln, von welchen Nebenstellen besonders häufig Auslandsgespräche geführt wurden.

Gleiches gilt beispielsweise für die Verwendung von kostenpflichtigen Mehrwertdienstnummern.

Im Gegensatz zum Einzelverbindungsnachweis, der nicht jedem Nutzer der Telefonanlage ohne weiteres zur Verfügung steht, bietet die Liste der gewählten Rufnummern sowie die Anruferliste grundsätzlich jedem, der Zugang zum jeweiligen Tischgerät hat, die Möglichkeit, diese Listen auszulesen.

Die Nutzung der Skills based Routing-Funktion setzt regelmäßig eine Kenntnis der für diese Funktion zuvor definierten Fähigkeiten und Eigenschaften der Mitarbeiter voraus, an die die entsprechenden Vorschriften vermittelt werden sollen. Dies können Sprachkenntnisse genauso sein, wie Projekterfahrung, eine spezifische Ausbildung oder auch nur ein bestehender Kundenkontakt. Verbunden mit der Funktion des Skills based Routing ist daher regelmäßig die Schaffung einer Skillsdatenbank, in der die entsprechenden Fähigkeiten der Mitarbeiter hinterlegt sind.

3.) Rechtliche Bewertung

Bei den o.g. Funktionen kommt ein erzwingbares Mitbestimmungsrecht im Sinne des § 87 I Nr. 6 BetrVG („Überwachung") in Betracht.

Nach dem reinen Gesetzeswortlaut hat der Betriebsrat, soweit eine gesetzliche oder tarifliche Regelung nicht besteht, bei der Einführung und Anwendung von technischen Einrichtungen, die dazu bestimmt sind, das Verhalten oder die Leistungen der Arbeitnehmer zu überwachen, mitzubestimmen. Fraglich ist daher, ob hier eine Mitbestimmung in Betracht kommt.

Im vorliegenden Fall sind keine speziellen tarifvertraglichen Regelungen bekannt.

Nach herrschender Meinung definiert sich der Begriff der „technischen Einrichtung" im Sinne des § 87 I Nr. 6 BetrVG als die „Einheit von Rechner und Programm".[10] Hier handelt es sich um eine softwaregestützte TK-Anlage, die als eine „technische Einrichtung" im Sinne des § 87 I Nr.6 BetrVG anzusehen ist.

Eine Mitbestimmungspflicht nach § 87 I Nr. 6 BetrVG ist bei der „Einführung" und „Anwendung" „technischer Einrichtungen" gegeben, wenn diese dazu „bestimmt" sind, das Verhalten und/oder die Leistungen der Arbeitnehmer zu überwachen.

Der Gesetzeswortlaut des § 87 I Nr. 6 BetrVG spricht dabei noch von einer „Bestimmtheit" der Systeme zur Überwachung und Kontrolle der Leistung der Arbeitnehmer.

Nach nunmehr ständiger Rechtsprechung des BAG reicht es jedoch für die Anwendbarkeit des § 87 I Nr. 6 BetrVG aus, wenn die entsprechende technische Einrichtung „objektiv geeignet" ist, das Verhalten oder die Leistungen der Arbeitnehmer zu überwachen.[11]

---

[10] Däubler/Kittner/Klebe, a.a.O., § 87, Rn.: 137

[11] Däubler/Kittner/Klebe, a.a.O., § 87, Rn.: 154
BAG 14.05.74, 09.09.75, 10.07.79, 06.12.83, AP Nrn.: 1, 2, 3, 7 zu § 87 BetrVG 1972

Dabei wird die objektive Eignung zur Überwachung der Arbeitnehmer dann bejaht, wenn auf Grund des verwendeten Programms Verhaltens- und Leistungsdaten erfasst und aufgezeichnet werden.[12]

Dasselbe gilt, wenn auf Grund des verwendeten Programms Verhaltens- und Leistungsdaten ausgewertet werden.[13]

Dabei ist der Begriff der „Leistung" des Arbeitnehmers als solche Handlung zu verstehen, die vom Arbeitnehmer in Erfüllung seiner vertraglichen Pflichten vorgenommen wird.

Danach wären z. B. Angaben über die durch einen Arbeitnehmer erbrachte Arbeitsleistung und die Zeit, innerhalb derer eine solche Arbeitsleistung erbracht wurde, Leistungsdaten im Sinne des § 87 I Nr. 6 BetrVG.[14]

Bei dem „Verhalten" im Sinne dieser Vorschrift handelt es sich dagegen um jedes individuell steuerbare Tun des Arbeitnehmers. Darüber hinaus wird teilweise verlangt, das Handeln müsse sich auf die Erbringung der Arbeitsleistungen beziehen, es müsse im Arbeitsverhältnis und bei der Arbeit erfolgen, außerbetriebliches Tun sei nicht gemeint.[15]

Für diese Einschränkung gibt es jedoch keine überzeugende Begründung. Hiergegen spricht bereits der Wortlaut des § 87 I Nr. 6 BetrVG, der im Gegensatz zur Nr. 1 des § 87 I BetrVG hier gerade nicht das „Verhalten der Arbeitnehmer im Betrieb" anspricht.

Gegen eine Begrenzung des Begriffs „Verhalten" auf betriebliche Tätigkeit lässt sich weiter auch die vom BAG vorgenommene Auslegung des Begriffs „Leistung" anführen, da hier bereits die Erfüllung der Arbeitspflicht erfasst wird.

Darüber hinaus werden außerbetriebliche Ereignisse bereits dadurch, dass der Arbeitgeber sie als Daten erfasst und verarbeitet, zu betrieblich relevanten Daten.[16]

---

[12] BAG 06.12.83, AP Nr.: 7 zu 87 BetrVG 1972

[13] 14.09.84, AP Nr.: 9 zu § 87 BetrVG 1972; 15.12.92, CR 94,111; 26.07.94, NZA 95, 185, 186

[14] so auch Däubler/Kittner/ Klebe a.a.O., § 87, Rn.: 148

[15] Müllner, DB 84, 1677 ff.

[16] so auch Däubler, Kittner, Klebe, a.a.O., § 87, Rn.: 149

Wie bereits oben angeführt, beinhalten moderne Telekommunikationsanlagen in der Regel die technische Möglichkeit z. B. Gesprächszeiten und die für andere Arbeiten benötigte Zeit zu messen.

Durch die Funktion des Silent Monitoring besteht darüber hinaus auch die objektive Möglichkeit, Gesprächsinhalte mitzuhören, ohne dass dies für den telefonierenden Mitarbeiter zum Zeitpunkt des Mithörens erkennbar ist.

Mithin ist bei einer Bürokommunikationsanlage mit einer oder mehreren der o. g. Funktionen ein Mitbestimmungsrecht i. S. des § 87 I Nr. 6 BetrVG zu bejahen.

Da im vorliegenden Fall der Arbeitgeber versichert hat, keine Verhaltens- und Leistungskontrollen durchführen zu wollen, kann dem Betriebsrat nur empfohlen werden, diese Zusage in die entsprechende Betriebsvereinbarung mit aufzunehmen. Ferner sollte der Frage nachgegangen werden, welche der nicht benötigten Funktionen dauerhaft abgestellt bzw. ganz außer Betrieb gesetzt werden können. Lassen sich bestimmte nicht benötigte Funktionen dagegen nicht abstellen, sollte untersucht werden, ob ein Zugriff auf die entsprechenden Daten dann nicht mit einem Passwort erschwert werden kann. Ist dies möglich, wäre daran zu denken, zur Wahrung der Rechte der Mitarbeiter ein zweigeteiltes Passwort zu verwenden, dessen Teile unter dem Betriebsrat und der Geschäftsleitung aufgeteilt werden, sodass sichergestellt ist, dass eine entsprechende Auswertung nur mit Wissen und Wollen des Betriebsrates erfolgen kann.

Hinsichtlich der Verbindungsdatenerfassung von Telefonaten von und zu Nebenstellen, die auch zur Betriebsratsarbeit genutzt werden, wird in der Literatur mit Blick auf § 78 BetrVG ein Verbot jedweder Auswertung vertreten.[17]

Dies deckt sich jedoch nicht mit einer Entscheidung des BAG aus dem Jahre 1990 zu diesem Thema.[18] Dort bejaht das BAG ein Auswertungsverbot mit Blick auf Ortsgespräche. Mit Blick auf die zumindest zum Entscheidungszeitpunkt noch kostenträchtigen Ferngespräche hat dieses dagegen eine Auswertungsmöglichkeit angenommen. Mittlerweile dürfte eine solche Differenzierung aber vor allem auf Grund der geänderten Gebührenstruktur als überholt gelten.

---

[17] Däubler, BetrVG, 12. Aufl., § 87 Rn.: 166

[18] BAG, Entscheidung vom 01.08.90, DB 91, 47f.

Für die Nebenstellen, die überwiegend zur Betriebsratsarbeit genutzt werden, sollte daher in der entsprechenden Betriebsvereinbarung ein Verbot der Auswertung von Verbindungsdaten normiert werden. Gleiches gilt für die Nebenstellen, die für Telefonate mit anderen Personen mit besonderer Vertrauensstellung (Betriebsarzt etc.) genutzt werden.

Merksatz:

Ist bei der Einführung eines Systems noch nicht geklärt, ob damit auch Überwachungstechniken i. S. d. § 87 I Nr. 6 BetrVG verbunden sind, empfiehlt sich oftmals ein genauer Blick in die jeweiligen Handbücher und Gebrauchsanweisungen. Dort sind in der Regel auch die objektiv möglichen Kontroll- und Überwachungstechniken beschrieben. Dass der Einsatz dieser Techniken zunächst gezielt konfiguriert werden muss, damit die Techniken auch zum Einsatz kommen können, ist für das Mitbestimmungsrecht i. S. d. § 87 I Nr. 6 BetrVG unerheblich. Hierfür reicht die objektive Überwachungsgeeignetheit des Systems.

9. Der Grundsatz der Verhältnismäßigkeit

Einleitung:

Im Rahmen der Personaldatenverarbeitung werden zunehmend die Persönlichkeitsrechte und das Recht auf informationelle Selbstbestimmung der Beschäftigten berührt. Dabei kommt dem Grundsatz der Verhältnismäßigkeit, der ursprünglich nur für staatliches Handeln entwickelt wurde, immer größere Bedeutung zu.

Wie mit einer sachgerechten Anwendung dieses Grundsatzes rechtswidrige Eingriffe in die Rechte der Beschäftigten abgewehrt werden können und dennoch eine ausgewogene Beachtung sowohl der Interessen der Beschäftigten wie auch des Interesses des Arbeitgebers erreicht werden kann, soll in der nachfolgenden Konfliktlösung aufgezeigt werden.

Sachverhalt:

Die Mitarbeiter der Q-GmbH benötigen für ihre Arbeit täglich eine Vielzahl verschiedener Softwareprodukte. Zu diesem Zwecke wurden in der Vergangenheit einer Vielzahl von Mitarbeitern Administratorenrechte insoweit eingeräumt, als diese das Recht bekommen, Software selbständig und ohne vorherige Genehmigung durch eine interne Stelle zu installieren. Dies hat in der Vergangenheit dazu geführt, dass eine große Anzahl unlizenzierter Softwareprodukte im Einsatz waren.

Infolgedessen sieht sich die Q-GmbH nun Schadensersatzforderungen einzelner Softwareanbieter ausgesetzt. Diese machen insbesondere Lizenzschäden durch die mangelnde Lizenzierung der eingesetzten Softwareprodukte geltend.

Um solche Schadensersatzforderungen zukünftig auszuschließen, hat die Geschäftsleitung der Q-GmbH entschieden, eine sogenannte Inventarisierungssoftware im Betrieb einzusetzen. Mit Hilfe dieser Software, die zunächst täglich eingesetzt werden soll, sollen alle im Betrieb befindlichen Rechner und Server durchsucht werden. Da die Geschäftsleitung den Einsatz der Inventarisierungssoftware selbst für mitbestimmungspflichtig im Sinne des § 87 I Nr. 6 BetrVG hält, hat sie den zuständigen Betriebsrat zu Verhandlungen über den Abschluss einer Betriebsvereinbarung aufgefordert und einen Entwurf einer entsprechenden Betriebsvereinbarung vorgelegt.

In diesem Betriebsvereinbarungsentwurf werden die Zwecke des Einsatzes der Inventarisierungssoftware u. a. wie folgt beschrieben:

- *„Zur Optimierung der Hard- und Softwareadministration wird bei der Q-GmbH eine spezielle Inventarisierungssoftware eingesetzt.*
- *Die von dieser Betriebsvereinbarung erfasste Inventarisierungssoftware soll in einer Weise eingesetzt werden, dass sie zu einer Verbesserung der Wirtschaftlichkeit und Einhaltung von Gesetzen beiträgt.*
- *Durch diese Betriebsvereinbarung sollen die Interessen der Q-GmbH, die Einhaltung der gesetzlichen Pflichten (insbesondere lizenzrechtliche Pflichten) in Einklang gebracht werden mit den Interessen der Mitarbeiter/innen am Schutz ihrer Persönlichkeitsrechte und am Schutz ihrer personenbezogenen Daten."*

Im Rahmen der zunächst täglich durchzuführenden Inventarisierung sollen dann u. a. folgende Daten erfasst und ausgewertet werden:

- *der Computername*
- *die MAC-Adresse*
- *der Name des Bestandstyps*
- *die einsetzende Organisationseinheit im Unternehmen*
- *die Seriennummer des eingesetzten Rechners*
- *die Größe des eingesetzten Arbeitsspeichers*
- *die Festplattenkapazität*
- *die Festplattenpartitionskapazität*
- *der freie Festplattenspeicherplatz*
- *das BIOS-Datum*
- *der Clienttyp*
- *der Prozessor*
- *der VM-Typ*
- *der BIOS-Hersteller*
- *die Belegung der entsprechenden Steckplätze des Arbeitsspeichers*
- *die Bezeichnung des eingesetzten Bildschirms*
- *die Bezeichnung des physikalischen Datenträgers*
- *die Bezeichnung der eingesetzten PCI-Geräte*
- *die Bezeichnung der eingesetzten Software gegliedert nach:*
  - *Hersteller der Software*
  - *Name der Software*

- *Versionsnummer der eingesetzten Software*
- *Typ der eingesetzten Software*
- *Häufigkeit der Nutzung der entsprechenden Software in den Kategorien „täglich“, „wöchentlich“ oder „nie seitdem ...“*

Zur Frage der Verwendung der entsprechenden Auswertungsergebnisse bittet der Betriebsrat seinerseits darum, dass die nachfolgende Formulierung in die Betriebsvereinbarung aufgenommen wird:

- *„Sollten im Rahmen der Scanläufe Erkenntnisse gewonnen werden, die darüber Aufschluss geben, dass nicht lizenzierte Software im Einsatz ist, dürfen diese nicht zum Nachteil des entsprechenden Mitarbeiters verwendet werden.“*

Der Betriebsrat hält ferner insbesondere einen täglichen Einsatz der entsprechenden Scansuchläufe für unverhältnismäßig. Der Arbeitgeber wendet diesbezüglich ein, dass er verpflichtet sei, die Einhaltung urheberrechtlicher Bestimmungen im Betrieb zu überwachen. Ihm sei nicht zuzumuten, Verletzungen sehenden Auges hinzunehmen.

Konflikt:

Betriebsrat:	**Arbeitgeber:**
„Ein täglicher Scansuchlauf führt zu einem übermäßigen Überwachungsdruck der Mitarbeiter. Hier wird das IT-Verhalten der Mitarbeiter ständig und zeitlich und räumlich unbegrenzt gläsern gemacht. Dies halten wir. für unverhältnismäßig."	*„Wenn das Unternehmen – wie vorliegend – von Rechtsverletzungen im Unternehmen weiß, hat es auch die Pflicht, diesen nachzugehen. Urheberrechtsverletzungen sind Straftaten. Mitarbeiter, die Straftaten begehen, sind insoweit nicht schutzwürdig, als die Verwendung ihrer Daten notwendig ist, um die entsprechenden Straftaten aufzuklären und den Täter zu ermitteln.“*

Konfliktlösung:

Betrachtet man zunächst die Definition der genannten Einsatzzwecke, so fällt auf, dass hinsichtlich der Einhaltung gesetzlicher Bestimmungen die Einhaltung lizenzrechtlicher Pflichten lediglich beispielhaft genannt wird (*„Die Einhaltung der gesetzlichen Pflichten (insbesondere* *lizenzrechtliche Pflichten)").* Es entsteht daher zunächst der Eindruck, dass mit dem Einsatz der Inventarisierungssoftware auch noch andere Zwecke als die Einhaltung der urheberrechtlichen Regelungen verfolgt werden sollen.

Auch im weiteren Text des Betriebsvereinbarungsentwurfes wird noch einmal darauf hingewiesen, dass die Inventarisierungssoftware in der Weise eingesetzt werden soll, dass sie zur Einhaltung *„von Gesetzen"* beiträgt. Auch dadurch wird der Eindruck, dass es vorliegend nicht allein um die Kontrolle der Beachtung urheberrechtlicher Bestimmungen geht, noch einmal verstärkt.

Um jedoch die Rechtmäßigkeit dieser über das Urheberrecht hinausgehenden Kontrollzwecke hinreichend überprüfen zu können, ist es unverzichtbar, dass der Arbeitgeber ggf. diese weiteren Kontrollzwecke nennt.

Ist die Einhaltung urheberrechtlicher Bestimmungen dagegen der einzige Kontrollzweck, wäre die im Betriebsvereinbarungsentwurf gewählte Zweckdefinition zu weitgehend.

Es ist daher zwingend erforderlich, dass alle Zwecke bzw. Gesetze, deren Einhaltung mit dem Einsatz der Inventarisierungssoftware sichergestellt werden sollen, konkret benannt werden.

I. Die Verhältnismäßigkeit der Scansuchläufe

Die o. g. Formulierungen des vom Arbeitgeber vorgelegten Betriebsvereinbarungsentwurfes bedeuten, dass jeder Mitarbeiter ohne konkrete Verdachtsmomente jederzeit sowie zeitlich unbegrenzt hinsichtlich des Einsatzes nicht lizenzierter Software und hinsichtlich sonstiger Auffälligkeiten überwacht und kontrolliert werden kann. Dabei sollten die geplanten Kontrollen jeden Datenträger (Desktop, Laptops, PDAs, Handys etc.) erfassen.

Fraglich ist, ob ein solches Vorgehen mit dem Grundsatz der Verhältnismäßigkeit in Einklang zu bringen ist. Eine Maßnahme ist danach nur dann verhältnismäßig, wenn sie mit Blick auf das angestrebte Ziel der Maßnahme (hier: die Aufklärung und Verhinderung von Urheberrechtsverletzungen) im einzelnen geeignet, erforderlich und angemessen ist. Zur Beurteilung der Verhältnismäßigkeit ist dabei zwischen den verschiedenen vom Arbeitgeber genannten Überwachungszwecken zu unterscheiden. Als Gründe für eine legitime Lizenzüberwachung kommen dabei folgende Zwecke in Betracht:

- Einhaltung der gesetzlichen Bestimmungen zum Urheberrecht,
- Überprüfung, inwieweit zurzeit nicht ordnungsgemäß lizenzierte Software installiert ist.

1. Einhaltung der gesetzlichen Bestimmungen zum Urheberrecht:

a) Geeignetheit der Maßnahme:

Geeignet ist eine Maßnahme dann, wenn mit ihr der gewünschte Erfolg erreicht werden kann.

Lizenz- und Urheberrechtsverstöße finden in der Regel bereits dann statt, wenn nicht lizenzierte Softwareprodukte installiert werden. Bereits zu diesem Zeitpunkt ist der entsprechende Straftatbestand erfüllt. Ferner liegen bereits zu diesem Zeitpunkt die Voraussetzungen für urheberrechtliche Schadensersatz-, Auskunfts- und Unterlassungsansprüche vor.

Wenn hier also tatsächlich die Einhaltung lizenzrechtlicher und urheberrechtlicher Bestimmungen in ernsthafter Weise erfolgen soll, muss sichergestellt werden, dass keine Installation von nicht lizenzierten Softwareprodukten stattfinden kann. Dies wird jedoch nicht durch den Einsatz einer Inventarisierungssoftware sichergestellt, sondern durch ein sinnvolles Administrationsmanagement. Schon aus diesem Grunde ist es normalerweise üblich, dass nicht jeder Nutzer Administratorenrechte erhält, die ihn berechtigen, beliebig Softwareprodukte zu installieren. Vielmehr sollte der einzelne Mitarbeiter, sofern denn ein Wunsch besteht, eine bestimmte Software zu nutzen, diesen Wunsch an die IT-Abteilung richten, die dann entscheidet, ob eine entsprechende Lizenz für dieses Softwareprodukt angeschafft werden soll. Ohne eine solche Regelung eines sinnvollen Administrationsmanagements werden sich Verletzungen von lizenzrechtlichen und urheberrechtlichen Bestimmungen auch mit einer Inventarisierungssoftware nicht vermeiden lassen.

Für den Zweck der zukünftigen Verhinderung von Urheberrechtsverstößen ist der geplante Einsatz der Inventarisierungssoftware daher schon gar nicht geeignet. Der Einsatz der Software zu diesem Zwecke verstößt mithin gegen den Grundsatz der Verhältnismäßigkeit.

2. Überprüfung, inwieweit zurzeit nicht ordnungsgemäß lizenzierte Software installiert ist:

a) Geeignetheit der Maßnahme:

Ein Inventarisierungsscan kann aber sehr wohl dazu genutzt werden, um einmalig einen Status Quo der momentanen Lizenzsituation im Unternehmen abzubilden. Dies scheint vorliegend insbesondere deshalb nötig, da es bereits seit längerer Zeit jedem Mitarbeiter ohne effektive Lizenzkontrolle möglich war, Softwareprodukte unkontrolliert zu installieren.

b) Erforderlichkeit der Maßnahme:

Eine Maßnahme erfüllt ferner das Kriterium der Erforderlichkeit, wenn kein den Betroffenen weniger belastendes Mittel zur Verfügung steht, das in gleicher (oder sogar besserer) Weise geeignet ist, den Zweck zu erreichen. Dies erscheint hier durchaus fraglich. So könnte der Arbeitgeber zunächst seine Mitarbeiter auffordern, ihm schriftlich und innerhalb einer konkreten Frist zu benennen, welche Softwareprodukte in der Vergangenheit von ihnen installiert wurden.

Eine solche Vorgehensweise birgt aber immer die Gefahr, dass die gemachten Angaben unvollständig erfolgen. Sei es, weil sich der Mitarbeiter nur unzureichend erinnert, oder die entsprechende Software von Mitarbeitern installiert wurde, die nicht mehr im Unternehmen arbeiten und insofern für Auskünfte nicht mehr zur Verfügung stehen. Diese „Fehlerquellen“ werden aber gerade durch einen softwaregestützten Inventarisierungsscan ausgeschlossen. Insofern erscheint eine elektronische Erfassung der installierten Softwareprodukte zum Zwecke der Überprüfung der ordnungsgemäßen Lizenzierung grundsätzlich auch als erforderlich. Allerdings ist darauf zu achten, dass zu diesem Zwecke grundsätzlich keine personenbezogenen Daten erfasst werden.

So dürfte es für die Klärung der Frage, ob die im Unternehmen eingesetzten Softwareprodukte auch zuvor ordnungsgemäß lizenziert wurden, grundsätzlich unerheblich sein, auf welchen Rechnern mit welchen MAC-Adressen die entsprechende Software im Einzelnen installiert ist. Vielmehr dürfte es im Rahmen einer Lizenzprüfung ausreichen, zu wissen, auf wie vielen verschiedenen Rechnern die entsprechende Software installiert ist und wie oft sie in einem bestimmten Zeitraum benutzt wurde. Diese Daten lassen sich aber grundsätzlich auch ohne Personenbezug erfassen und verarbeiten.

Begründet der Arbeitgeber dagegen schlüssig, wieso für eine effektive Lizenzkontrolle auch noch weitere, ggf. sogar personenbeziehbare Daten, erfasst werden müssen, wären auch diese Kontrollzwecke jeweils für sich gesondert einer eigenen Verhältnismäßigkeitsprüfung zu unterziehen.

c) Angemessenheit der Maßnahme:

Angemessen ist die Maßnahme, wenn der Nachteil für den Betroffenen und der erstrebte Erfolg in einem vernünftigen Verhältnis zueinander stehen.

Wird wie gerade beschrieben sichergestellt, dass bei den zur Lizenzkontrolle verwendeten Daten jeglicher unnötiger Personenbezug vermieden wird, bestehen auch keine Bedenken gegen die Angemessenheit der Kontrolle zu dem hier zu prüfenden Zweck.

Zum Zwecke der Überprüfung, inwieweit zurzeit nicht ordnungsgemäß lizenzierte Software installiert ist, bedarf es aber nach der Ermittlung eines aktuellen Status Quo keiner weiteren Scanläufe mehr.

Zwischenergebnis:

Nach alledem erscheint ein einmaliger Scansuchlauf zum Zwecke der Überprüfung, inwieweit zurzeit nicht ordnungsgemäß lizenzierte Software installiert ist, als Verhältnismäßig, wenn sichergestellt ist, dass dabei keine personenbeziehbaren Daten verarbeitet werden.

II. Zulässigkeit personeller Einzelmaßnahmen:

Für den Fall, dass trotz all dieser Maßnahmen dennoch einem einzelnen Mitarbeiter der Vorwurf der rechtswidrigen Installation von zuvor nicht lizenzierter Software gemacht werden sollte, ist es unabdingbar in der entsprechenden Betriebsvereinbarung eine Regelung mit aufzunehmen, die diesbezüglich das weitere Vorgehen regelt. Fraglich ist daher, inwieweit die für diesen Fall vom Betriebsrat gewünschte Formulierung praktikabel ist.

Da es sich bei Urheberrechtsverletzungen regelmäßig um Straftaten im Sinne des Urhebergesetzes handelt, wird man vom Arbeitgeber nicht verlangen können, eine solche Straftat nicht zu ahnden. Insofern erscheint die vom Betriebsrat vorgeschlagene Formulierung nicht haltbar.

Es ist in diesem Zusammenhang daher davon auszugehen, dass der Arbeitgeber sich bei Vorliegen von urheberrechtlichen Straftaten an diese Vorschriften, sofern sie den Bestandteil der Betriebsvereinbarung würden, nicht halten wird. Es wird dann in einem arbeitsgerichtlichen Prozess gegebenenfalls zu klären sein, wieweit es nach dieser Vorschrift dem Arbeitgeber zuzumuten ist, trotz der Begehung von Straftaten durch seine Mitarbeiter auf arbeitsrechtliche Konsequenzen zu verzichten, weil dies in der entsprechenden Betriebsvereinbarung so festgehalten wurde.

Aus diesem Grund erscheint ein entsprechendes Administrationsmanagement umso wichtiger. Ist dies vorhanden, ist eine Nutzung nicht lizenzierter Software so gut wie ausgeschlossen. Dies kann ein Inventarisierungsscan dagegen nie sicherstellen. Mit einem Inventarisierungsscan kann dagegen nur nachvollzogen werden, inwieweit Urheberrechtsverletzungen im Unternehmen bereits an der „Tagesordnung“ sind und seit wann diese im Unternehmen stattfinden. Diese Erkenntnis kann aber, wenn überhaupt, nur im Rahmen der Ermittlung eines Status Quo sinnvoll sein. Darüber hinaus hat der Arbeitgeber vielmehr die Verpflichtung Urheberrechtsverstöße zu verhindern und nicht nur Urheberrechtsverstöße zu erkennen und aufzudecken.

Merksatz:
Auch im Rahmen des Arbeitsrechtes ist der Grundsatz der Verhältnismäßigkeit mittlerweile zu einer wichtigen Kontrollinstanz für die Rechtmäßigkeit des jeweiligen Handelns geworden.

10. Logfiles

Einleitung:

Im Rahmen der Internetnutzung im Betrieb führt auch immer wieder die Frage der Auswertung und Speicherung von Logfiles zu Diskussionen.

Dass es sich hierbei um mitbestimmungspflichtige Handlungen im Sinne des § 87 I Nr. 6 BetrVG handelt, ist in der Regel zwischen den Parteien unstreitig. Streitigkeiten entstehen dagegen bei der Frage der Auswertung von Logfiles und insbesondere der Dauer der Speicherung.

Vor allem auf Grund der Tatsache, dass eine längere Speicherfrist auch eine längere Kontrollmöglichkeit für die Beschäftigten bedeutet, ist die Frage der Löschungs- und Speicherfristen häufiger Anknüpfungspunkt für Konflikte. Dies wird noch dadurch verstärkt, dass der Gesetzgeber zu dieser Frage keine gesetzliche Regelung bereithält. So existieren zu dem Thema der Speicherung der Logfiles keinerlei gesetzlichen Löschungsfristen.

Sachverhalt:

Der Vorstand der A-AG wendet sich an seinen Betriebsrat mit der Bitte, in einer Betriebsvereinbarung zum Thema Internet und E-Mailnutzung die Speicherdauer von Logfiles zu regeln. Anlass für diese Bitte ist die Tatsache, dass das Unternehmen sich zunehmend urheberrechtlichen Schadensersatzansprüchen seitens der großen bekannten Musiklabels ausgesetzt sieht. Immer häufiger erreichen die A-AG Anspruchsschreiben, in dem der A-AG vorgeworfen wird, dass über ihre Internetanschlüsse urheberrechtlich geschütztes Material in sog. Tauschbörsen zum illegalen Download angeboten worden sei.

Der Vorstand der A-AG, der in solchen Sachen völlig unerfahren ist, holt diesbezüglich Rat bei einem für das Urheberrecht spezialisierten Rechtsanwalt ein.

Dieser erläutert ihm, dass die der A-AG vorgeworfenen Handlungen wahrscheinlich tatsächlich in seinem Unternehmen begangen worden sind. Es handele sich dabei zur Zeit um ein Massenphänomen. Dabei seien Musiktitel jedwedes Genres und jedwedes Alters wie auch Filme, Hörbücher und Software kostenlos im Internet herunter zu laden. Nach herrschender Meinung im Urheberrecht sei bereits das Herunterladen eine Urheberrechtsverletzung. Da das Herunterladen von geschütztem urheberrechtlichen Material jedoch in der Regel schwerer zu ermitteln sei als das Anbieten, werde momentan überwiegend gegen die Anbieter der entsprechenden Dateien vorgegangen. Dabei zeige die Praxis jedoch, dass die meisten Personen, die in Internettauschbörsen sich entsprechende Dateien herunter geladen hätten, diese auch selbst zu erneutem Download im Internet anbieten würden.

Dies sei insbesondere dem Umstand geschuldet, dass die für den „Tausch" der entsprechenden Dateien verwendete Software so vorkonfiguriert sei, dass derjenige, der sich z. B. Musik herunterlade und auf dem entsprechenden PC speichere, diese Musiktitel auch gleichzeitig wieder im Internet zum Download anböte. Werde diese Funktion nicht abgestellt, so werde derjenige, der urheberrechtlich geschützte Titel aus sogenannten Tauschbörsen herunterlade, daher automatisch auch zum Anbieter dieser Dateien.

Die bei einem Dateientausch übermittelte IP-Adresse des Anbieters der entsprechenden Datei würde dann im Rahmen der Durchsetzung urheberrechtlicher Ansprüche genutzt um mithilfe eines auch für solche Fälle geschaffenen gerichtlichen Auskunftsverfahrens beim entsprechenden Provider Auskunft zu der Frage zu verlangen, welchem Anschlussinhaber die bei der Tat verwendete IP-Adresse zu dem entsprechenden Tatzeitpunkt zugewiesen war.

Da der so ermittelte Anschlussinhaber aber in aller Regel, insbesondere im betrieblichen Bereich, nicht auch der Täter sei, würden Schadensersatzansprüche daher zunächst einfach gegenüber dem Anschlussinhaber geltend gemacht.

Da der Vorstand der A-AG die gegenüber der Gesellschaft geltend gemachten Ansprüche gern an den konkreten Verursacher dieser Ansprüche weiterreichen möchte, hat er seine IT-Abteilung in der Vergangenheit beauftragt, bei einer entsprechenden Auswertung der Logfiles zu analysieren, mit welchen PCs im Unternehmen die entsprechenden Tauschbörsen aufgesucht wurden.

In vielen Fällen blieb eine solche Ermittlung der entsprechenden Mitarbeiter jedoch ohne Erfolg, da bisher die Logfiles nur 90 Tage im Unternehmen gespeichert wurden. Die Ansprüche der Rechteinhaber wurden jedoch meistens erst wesentlich später geltend gemacht.

Der Vorstand der A-AG wendet sich daher an den Betriebsrat mit der Bitte, die entsprechenden Logfiles mindestens 12 Monate auf Vorrat zu speichern.

Der Betriebsrat lehnt dies ab, da er eine solche Speicherung für eine unzulässige Vorratsdatenspeicherung hält. Im Übrigen zweifelt der Betriebsrat an, dass das Unternehmen für Handlungen in die Haftung genommen werden kann, die ohne Kenntnis seiner Organe geschehen sind.

Konflikt:

Betriebsrat:	**Arbeitgeber:**
„Der Arbeitgeber ist nicht verpflichtet, unsere Mitarbeiter umfassend zu überwachen, weil vielleicht zukünftig irgend einer unserer Mitarbeiter straffällig werden könnte."	*„Wenn an das Unternehmen Schadensersatzansprüche gerichtet werden, möchten wir diese an den Täter weiterreichen. Der Verursacher der Kosten soll auch dafür gerade stehen."*

Konfliktlösung:

I. Es ist fraglich, ob die Speicherung und Auswertung von Logfiles das Telekommunikations- und Fernmeldegeheimnis im Sinne des § 88 TKG berührt. In der Literatur wird teilweise vertreten, dass der Arbeitgeber dieses Telekommunikations- und Fernmeldegeheimnis mindestens dann gegenüber seinen Arbeitnehmer zu beachten hat, wenn er zuvor die private Nutzung des Internets erlaubt hat.[19] Hier stellt sich die Frage der Anwendbarkeit des § 88 TKG jedoch nicht, da ein Arbeitgeber selbst, wenn er eine private Nutzung erlaubt, zumindest den rechtswidrigen Download von geschütztem urheberrechtlichem Material regelmäßig von dieser Erlaubnis ausschließt. Das rechtswidrige Filesharing, das dieser Fall zum Gegenstand hat, gehört damit nie zur erlaubten privaten Nutzung, so dass die Anwendung des § 88 TKG in solchen Fällen nicht in Betracht kommt. Wenn sich aber ein Rückgriff auf das Fernmelde- und Telekommunikationsgeheimnis im Sinne des § 88 TKG verbietet, ist der Frage nachzugehen, wie

[19] Diese Rechtsansicht wird zunehmend von der Rechtsprechung verneint. Vergl. Dazu LAG Berlin-Brandenburg, Urteil vom 10.02.2011, Az.: 4 SA 2132/10, Rn. 36; LAG Niedersachsen, Urteil vom 31.05.2010, Az.: 12 SA 875/09. Beide Gerichte verneinen schon die Stellung des Arbeitgebers als sog. Diensteanbieter.

das Problem der Logfilespeicherung und -auswertung nach anderen gesetzlichen Maßstäben zu bewerten ist.

II. Dieses Thema kann auf drei Ebenen angegangen werden:

1. Hinsichtlich der Verhältnismäßigkeit der Maßnahme.
2. Hinsichtlich der Begründetheit des abzuwehrenden Anspruches.
3. Hinsichtlich der Speicher- bzw. Löschungsfristen für Logfiles.

1. Verhältnismäßigkeit der Maßnahmen

Verhältnismäßig ist eine Maßnahme, wenn sie mit Blick auf den gewünschten Erfolg geeignet, erforderlich und angemessen ist.

Die Speicherung von Logfiles für 12 Monate ist – insbesondere bei dem Erfordernis der Anmeldung des Nutzers an seinen PC – sicherlich grundsätzlich geeignet rechtswidrige Handlungen, die über das Internet begangen wurden, der Person des Nutzers zuzuordnen. Fraglich ist, ob die 12-monatige Speicherung zur unternehmensinternen Ermittlung von Urheberrechtsverstößen auch erforderlich ist.

Erforderlich ist eine Maßnahme, wenn kein weniger belastendes Mittel zur Verfügung steht, das in gleicher (oder sogar besserer) Weise geeignet ist, den angestrebten Zweck zu erreichen.

Es ist daher beim Arbeitgeber zu erfragen, welche Maßnahmen er bisher ergriffen hat, um illegales Filesharing in der Vergangenheit wirksam zu bekämpfen. Hier bieten sich zunächst verschiedene technische Maßnahmen an. Zum einen gibt es Filesharingsoftware, die nur bestimmte und bekannte Internet-Ports für ihre Zwecke nutzt. Hier wird man dem Problem des Filesharings schon Herr, in dem man die entsprechenden Ports sperrt. In der Regel ist dies auch möglich, ohne die Internetnutzung insgesamt zu beeinträchtigen. Auf der anderen Seite gibt es aber auch Filesharingclients, die verschiedene Ports nutzen. Dem Einsatz dieser Clients könnte wirksam begegnet werden, indem im Rahmen eines effektiven Rechtemanagement den einzelnen Nutzern untersagt ist, eigenmächtig entsprechende Softwaretools zu installieren.

Ferner ist mittlerweile auch das browserbasierte Filesharing möglich. Dabei ist es nicht mehr notwendig eine eigene Software zu installieren. Vielmehr ist der Download von einzelnen Dateien hierbei über den jeweiligen Webbrowser möglich. Um die Nutzung solcher

Dienste effektiv zu verhindern ist es möglich, sogenannte URL-Filter einzusetzen und diese Systeme durch laufende Updates aktuell zu halten. Diese Filter bewirken, dass Seiten, die rechtswidrige Inhalte beinhalten oder den Zugang zu solchen vermitteln, nicht mehr erreicht werden können. Dem Phänomen, dass immer neue Seiten mit rechtswidrigen Inhalten in das Internet gestellt werden, entsprechen die Anbieter entsprechender Filtersoftware dadurch, dass sie durch regelmäßige Software-Updates den Filter an die aktuellen Gegebenheiten anpassen.

Erst wenn der Arbeitgeber nachweisen kann, dass er durch die Sperrung von Ports, ein intensives Rechtemanagement und eine aktive URL-Filterung aktiv versucht hat, auch dem Problem des illegalen Filesharings zu begegnen, wird man über die Speicherung und anlassbezogene Auswertung von Logfiles im Rahmen der Aufklärung von rechtswidrigen Filesharing sprechen können. Eine Analyse von Logfiles zu diesem Zwecke ohne vorherige Nutzung der o.g. Maßnahmen dürfte dagegen unverhältnismäßig sein.

Hinzu kommt, dass die vom Arbeitgeber nun gewünschte Verlängerung der Speicherfristen für Logfiles nicht geeignet ist, Taten die zeitlich vor dieser Änderung der Speicherdaten liegen zu ermitteln. Allein aus diesem Grunde wird man dem Arbeitgeber zunächst erst mal raten müssen, Ports zu sperren bevor er mit „Kanonen auf Spatzen schießt“ und Logfiles 12 Monate gespeichert werden.

2. Berechtigung der geltend gemachten Forderung

Des Weiteren ist zu prüfen, ob es seitens des Arbeitgebers sinnvoll ist, die gegen ihn geltend gemachten Forderungen an den einzelnen Mitarbeiter weiter zu reichen. Dies würde bedingen, dass der gegen den Arbeitgeber erhobenen Schadensersatzanspruch tatsächlich auch berechtigt ist. Dies ist hier fraglich, da es sich bei dem in Anspruch Genommenen nachweislich nicht um den Täter, sondern lediglich um den Anschlussinhaber handelt.

Strafrechtlich ist anerkannt, dass nur derjenige zur Verantwortung gezogen werden kann, der selber Täter oder Teilnehmer einer Tat ist. Dem Vorstand war zu keinem Zeitpunkt die entsprechende Handlung bekannt, so dass ihm hier weder eine täterschaftliche Begehung noch eine Teilnahmehandlung vorgeworfen werden kann.

Bei Schadensersatzansprüchen wird nach der Rechtsprechung der Kreis der Verantwortlichen jedoch erweitert. Hier kommt auch eine Haftung desjenigen in Betracht, der selbst nicht Täter der die Ansprüche auslösenden Handlung ist. Eine solche sog. Störerhaftung wird allerdings nicht uferlos bejaht. Vielmehr nimmt der BGH in ständiger Rechtsprechung eine solche Haftung des Störers nur in den Fällen an, in denen der Störer die Ansprüche auslösende Handlung durch zumutbare Überwachungspflichten hätte verhindern können.

So führt der BGH zur Frage der Störerhaftung bei Urheberrechtsverletzungen in seinem Urteil vom 12.05.10[20] dann auch aus:

„Als Störer kann bei der Verletzung absoluter Rechte auf Unterlassung in Anspruch genommen werden, wer – ohne Täter oder Teilnehmer zu sein – in irgendeiner Weise willentlich und adäquat kausal zur Verletzung des geschützten Rechts beiträgt. Da die Störerhaftung nicht über Gebühr auf Dritte erstreckt werden darf, die nicht selbst die rechtswidrige Beeinträchtigung vorgenommen haben, setzt die Haftung des Störers nach der Rechtsprechung des Senats die Verletzung von Prüfpflichten voraus. Deren Umfang bestimmt sich danach, ob und inwieweit dem als Störer in Anspruch Genommenen nach den Umständen eine Prüfung zuzumuten.“

Fraglich ist daher, welche Überwachungspflichten dem Arbeitgeber hier zuzumuten sind.

In der Rechtsprechung wird teilweise angenommen, dass beispielsweise Eltern auch ohne Kenntnisse von einer rechtswidrigen Handlung generell verpflichtet seien, geeignete Schutzmechanismen zu ergreifen, um theoretisch mögliche Urheberrechtsverletzungen im Internet von vornherein zu verhindern.[21]

Diese Rechtsprechung dürfte jedoch nicht auf ein Arbeitsverhältnis übertragbar sein. Zum einen fehlt es an dem in der Familie regelmäßig vorhandenen, überschaubaren Personenkreis der in Betracht kommenden Täter. Kommen in einer Familie nur wenige Personen als potentielle Täter in Betracht, können es in einem durchschnittlichen mittelständischen Unternehmen schon mehrere hundert Personen sein.

[20] Az.: I ZR 121/08 (m.w.N.)

[21] LG Hamburg, Beschluss vom 21.01.06, Az.: 308 O 139/06

Im Übrigen geht die Kontrollbefugnis erziehungsberechtigter Elternteile gegenüber ihren minderjährigen Kindern weiter als die grundsätzliche anlassunbezogene Kontrollbefugnis des Arbeitgebers gegenüber seinen Mitarbeitern.[22] Insbesondere wenn eine Internetnutzung für private Zwecke erlaubt ist, hat der Arbeitgeber im Rahmen von Kontrollen des Nutzungsverhaltens auch immer die Persönlichkeitsrechte sowie das Recht der Nutzer auf informationelle Selbstbestimmung zu berücksichtigen.

Ohne konkrete Anhaltspunkte für strafbare Handlungen nach dem Urhebergesetz dürfte demnach keine Pflicht des Arbeitgebers bestehen, präventiv das Nutzungsverhalten aller Mitarbeiter mit Internetzugang umfassend zu kontrollieren und entsprechende Nutzungsdaten für den Fall einer möglichen Rechtsverletzung 12 Monate zu speichern.

Leider ist die Haftung des Arbeitgebers im Bereich von Urheberrechtsverletzungen bisher nicht höchstrichterlich geklärt. Die zu diesem Thema allerdings bekannte gerichtliche Rechtsprechung bestätigt die o. g. Rechtsansicht. So führt das Landgericht München I in seinem Urteil vom 04.10.2007, Az.: 7 O 2827/07, zu dem Thema u. a. aus:

„Vorliegend war es der Klägerin (das war in diesem Rechtsstreit der Arbeitgeber, Anm. des Autors) nach Auffassung der Kammer nicht zuzumuten, ohne konkrete Anhaltspunkte, dass dies notwendig sein könnte, den Zugriff des Volontärs auf Internetinhalte durch Filterprogramme oder gar durch Abschalten des Internetzugangs zu beschränken, denn dies hätte nach dem unbestritten gebliebenen Vortrag der Klägerin (§ 138 Abs. 3 ZPO) dazu geführt, dass auch erwünschte und legale Internetinhalte, die für die Internetpräsenz der Klägerin bestimmt gewesen seien, herausgefiltert worden wären. Ferner liegt auf der Hand, dass der Klägerin eine ständige manuelle Kontrolle der Tätigkeit des Volontärs, dem die Pflege des Internetauftritts der Klägerin alleinverantwortlich anvertraut war, nicht zuzumuten war. Stellte man eine derartige Verpflichtung auf, würden kleine Rundfunkunternehmen wie das der Klägerin vom Markt verschwinden, da sie sich diesen Aufwand nicht leisten könnten (...).

Im Übrigen darf nicht übersehen werden, dass das anlassunbezogene, präventive Speichern von Logfiles ohne konkreten Anlass für strafbare

---

[22] Zur fehlenden Kontrollpflicht der Eltern gegenüber ihrem 13-jährigen Sohn vergl. BGH, Urteil vom 15.11.2012, Az.: I ZR 74/12 ("Morpheus").

oder zumindest rechtswidrige Handlungen einer zweckungebundenen Vorratsspeicherung gleichkommt.

Eine solche Datensammlung, die allein dem Motto *„Lasst uns mal die Daten sammeln, mal sehen wofür wir sie noch gebrauchen können"* folgt, ist weder mit dem europäischen noch mit dem deutschen Datenschutzrecht vereinbar. So ist im deutschen Datenschutzrecht seit eh und je der eherne Grundsatz der Zweckgebundenheit normiert. Da bedeutet, dass eine Datenverarbeitung nur dann zulässig ist, wenn es für sie einen konkreten Anlass sprich Zweck gibt. Ist der Anlass jedoch nicht bekannt, sondern besteht lediglich die Möglichkeit, dass es in der Zukunft einen Anlass geben kann, für den man heute die gesammelten Daten nutzen könnte, so stellt dies einen Verstoß gegen den Grundsatz der Zweckgebundenheit dar.

Ferner ist fraglich, ob sich der Arbeitgeber mit dem Recht zur präventiven Speicherung von Logfiles nicht weitere Rechte einräumen würde, als sie dem Staat in einer vergleichbaren Situation zustünden. Eine solche Überschreitung staatlicher Kompetenzen ist nach der Rechtsprechung des BAG unzulässig.[23]

Es ist daher hier zunächst zu prüfen, ob der Staat zur Verfolgung von Urheberrechtsverletzungen das Recht hat, Daten die über das Nutzungsverhalten von Nutzern bzw. Anschlussinhabern Auskunft geben, ohne konkreten Anlass einer Straftat längere Zeit speichern darf.

Eine solche präventive Speicherung von Daten zum Zwecke der späteren Strafverfolgung ist der die strafrechtlichen Ermittlungen des Staates regelnden Strafprozessordnung (StPO) zunächst fremd. In der Strafprozessordnung knüpfen sämtliche Ermittlungstätigkeiten an einen Tatverdacht an, wobei die StPO schon zwischen dem Anfangsverdacht, dem hinreichenden Tatverdacht und dem dringenden Tatverdacht der Begehung oder Beteiligung an einer Straftat unterscheidet.

Je stärker die entsprechende Verdachtsstufe und der in Rede stehende Straftatbestand, umso stärkere Eingriffe in die Rechte des Tatverdächtigen sind möglich. An diesem abgestuften Verhältnis von Tatverdacht und Eingriff in die Persönlichkeitsrechte des Verdächtigen ist erkennbar, welche hohe Bedeutung der Gesetzgeber dem Persönlichkeitsrecht und der Intimsphäre des Tatverdächtigen beimisst.

---

[23] BAG, Beschluss vom 29.6.2004, Az.: ABR 21/03

Vorliegend sollen aber Daten gespeichert werden, obwohl weder ein konkreter Tatverdacht noch die Person eines Tatverdächtigen bekannt ist. Vielmehr sollen die Daten erfasst werden, um bei zukünftigen Verdachtsfällen den Täter leichter ermitteln zu können.

Eine solche Vorratsdatenspeicherung hat das BVerfG hinsichtlich des Staates nur für die Fälle für zulässig erachtet, bei denen der Abruf und die unmittelbare Nutzung der Daten „überragend wichtigen Aufgaben des Rechtsgüterschutzes dienen." Im Bereich der Strafverfolgung setzt dies einen durch bestimmte Tatsachen begründeten Verdacht einer schweren Straftat voraus.[24] Urheberrechtsverletzungen gehören nicht zu den „schweren Straftaten" in diesem Sinne.

Würde man dem Arbeitgeber durch eine entsprechende Regelung in einer Betriebsvereinbarung zubilligen, zur Aufklärung zukünftiger Urheberrechtsverletzungen das Nutzungsverhalten der Mitarbeiter 12 Monate auswertbar aufzuzeichnen, würde man mithin dem Arbeitgeber Rechte einräumen, die dem Staat gerade durch die Entscheidung des Bundesverfassungsgerichtes untersagt worden sind. Da die Möglichkeit der Vorratsdatenspeicherung nun nicht mehr besteht, bedienen sich die Rechteinhaber derzeit einer anderen Möglichkeit. So machen sie sich den Auskunftsanspruch gem. § 101 IX UrhG zunutze. Dieser ermöglicht es ihnen, auf die sog. Verkehrsdaten (§ 3 Nr. 30 TKG) des Diensteanbieters zuzugreifen. Mithilfe dieser Daten ist es den Rechteinhabern dann möglich den Inhaber des Internetanschlusses, über den die Urheberrechtsverletzung begangen wurde, zu ermitteln. So ist zumindest nach der mittlerweile von der Rechtsprechung vertretenen Ansicht (vergl. die neue Fußnote auf Seite 80 meines Buches) der Arbeitgeber gerade kein Diensteanbieter i.S.d. TKG.

3. Speicher- bzw. Löschungsfristen für Logfiles:

Schlussendlich ist zu überlegen, welche Speicherfristen für die Speicherung von Logfiles angemessen sind. Da hierzu, abgesehen von den in diesem Fall nicht relevanten Abrechnungszwecken, keinerlei gesetzliche Regelungen bestehen, ist zu prüfen, ob die Rechtsprechung entsprechende Fristen normiert hat.

---

[24] BVerfG, Urteil vom 2. März 2010, Az.: 1 BvR 256/08

In diesem Zusammenhang ist insbesondere auf die Rechtsprechung zur Speicherung von IP-Adressen bei Flatrate-Verträgen zu verweisen. Das erste Gericht, welches sich in Deutschland mit dieser Frage zu befassen hatte, hatte einen Fall in dem ein Telekomkunde gegen die Deutsche Telekom klagte, zu beurteilen. Das Gericht ging damals, auch nach sachverständiger Stellungnahme des damaligen Bundesbeauftragten für den Datenschutz und die Informationsfreiheit, Peter Schaar, davon aus, dass es grundsätzlich ausreicht, wenn IP-Adressen nach Ende der jeweiligen Verbindung gelöscht werden.[25]

Diese Entscheidung wurde im Berufungsverfahren vom Landgericht Darmstadt bestätigt.[26]

Die von der Deutschen Telekom dagegen eingelegte Revision beim BGH wurde von diesem mangels Erreichens des damals erforderlichen Beschwerdewerts in Höhe von 20.000 € nicht zugelassen.[27]

Nach einer neueren, allerdings nicht überzeugenden Auffassung, der nun auch der Bundesbeauftragte für den Datenschutz und die Informationsfreiheit, Peter Schaar, folgt, wird nunmehr eine Speicherfrist von IP-Adressen bei Flatrate-Verträgen von 7 Tagen für angemessen gehalten.[28]

Dieser Ansicht sind in der Folgezeit auch einige Gerichte gefolgt.[29]

Es ist zwar richtig, dass diese Entscheidungen für das Verhältnis des Kunden gegenüber seinem Provider und gerade nicht im Arbeitsrecht ergangen sind. Es ist jedoch kein Grund erkennbar, warum für den Arbeitgeber wesentlich längere Speicherfristen gelten sollten als für Telefonprovider, die Dienstleistungen für die Öffentlichkeit anbieten.

Insofern bestehen grundsätzlich keinerlei Bedenken die für das Verhältnis des Providers zu seinem Kunden entwickelten Speicherfristen von derzeit 7 Tagen für Daten, die Auskunft über das Nutzungsverhalten des Nutzers im Internet geben, auch auf den betrieblichen Bereich zu übertragen. Die hier vorliegend vom Arbeitgeber vorgeschlagene Speicherfrist von 12 Monaten kann daher als völlig überzogen gelten.

---

25 AG Darmstadt Urteil vom 30.6.2005, Az.: 300 C 397/04

26 LG Darmstadt, Urteil vom 07.12.2005, Az.: 25 S 118/2005

27 BGH, Beschluss vom 26.10.06, Az.: III ZR 40/06

28 http://www.vorratsdatenspeicherung.de/index.php?option=com_content&task=view&id=89&Itemid=55

29 AG Bonn, Urteil vom 05.07.2007, Az. 9 C 177/07

Dem zu erwartenden Einwand, dass mit einer kurzen Speicherfrist von 7 Tagen viele Täter nicht mehr zu ermitteln sind, sind ferner zwei Argumente entgegen zu halten. Zum einen ist zu beobachten, dass – nach der Rechtsprechung zur 7-tägigen Speicherfrist – die mit den entsprechenden Ermittlungen befassten Gerichte und Behörden ein wesentlich höheres Ermittlungstempo an den Tag legen, um innerhalb der 7-Tagesfrist den entsprechenden Anschlussinhaber zu ermitteln. Zum anderen hat sich die Entwicklung einer Speicherfrist gerade nicht an einer hypothetischen und in die Zukunft gerichteten theoretischen Straftat zu orientieren, sondern an konkreten in der Gegenwart liegenden Anhaltspunkten.

Nach alledem ist dem Betriebsrat zu raten, keinesfalls einer 12-monatigen Speicherung von Daten, die Rückschlüsse über das Nutzungsverhalten der Mitarbeiter ermöglicht, zuzulassen. Dies gilt unabhängig von der Frage, ob eine private Nutzung erlaubt, geduldet oder ausdrücklich verboten ist.

Merksatz:

Insbesondere bei der Verhandlung über den Abschluss von Betriebsvereinbarungen zum Thema Telekommunikation sollten sich die zuständigen Betriebsräte immer darüber im Klaren sein, dass sie mit der abzuschließenden Regelung höchstwahrscheinlich Grundrechte der Mitarbeiter tangieren. Aus diesem Grunde sollten insbesondere Betriebsvereinbarungen mit Grundrechtsrelevanz mit höchster Sorgfalt angegangen werden. Betriebsräte, die nicht über vertiefte rechtliche Kenntnisse im Verfassungs- und Datenschutzrecht verfügen, ist daher schon mit Blick auf die Wirksamkeit der abzuschließenden Vereinbarung zu raten, sich an die Möglichkeiten der Beauftragung eines Sachverständigen im Sinne des § 80 III BetrVG zu erinnern.

Stichwortverzeichnis

F

G

H

I

J

K

L

M

N

O

T

U